세계를 바꾸는
착한 국제 조약 이야기

세계를 바꾸는
착한 국제 조약 이야기

1판 1쇄 발행일 2019년 9월 27일 **1판 2쇄 발행일** 2020년 9월 23일
글쓴이 서선연 **그린이** 성배 **교과과정 자문** 배성호 **펴낸곳** (주)도서출판 북멘토 **펴낸이** 김태완
편집 김정숙, 조정우 **디자인** 권지연, 안상준 **마케팅** 최창호, 민지원
출판등록 제6-800호(2006. 6. 13.)
주소 03990 서울시 마포구 월드컵북로 6길 69(연남동 567-11), IK빌딩 3층
전화 02-332-4885 **팩스** 02-6021-4885 **이메일** bookmentorbooks@hanmail.net
페이스북 https://facebook.com/bookmentorbooks

ⓒ 서선연, 성배 2019

ISBN 978-89-6319-325-0 74300
ISBN 978-89-6319-093-8(세트)

※ 잘못된 책은 바꾸어 드립니다.
※ 이 책은 저작권법에 따라 보호를 받는 저작물이므로 무단 전재와 무단 복제를 금합니다.
※ 이 책의 전부 또는 일부를 쓰려면 반드시 저작권자와 출판사의 허락을 받아야 합니다.
※ 책값은 뒤표지에 있습니다.

이 도서의 국립중앙도서관 출판예정도서목록(CIP)은 서지정보유통지원시스템 홈페이지(http://seoji.nl.go.kr)와 국가자료공동목록시스템(http://www.nl.go.kr/kolisnet)에서 이용하실 수 있습니다. (CIP제어번호: CIP2019035301)

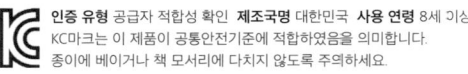

인증 유형 공급자 적합성 확인 **제조국명** 대한민국 **사용 연령** 8세 이상
KC마크는 이 제품이 공통안전기준에 적합하였음을 의미합니다.
종이에 베이거나 책 모서리에 다치지 않도록 주의하세요.

세계를 바꾸는 착한 국제 조약 이야기

글 서선연 | 그림 성배 | 교과과정 자문 배성호

북멘토

글쓴이의 말

　열 살이 채 안 된 아이들이 축구공 공장에서 하루 열두 시간 이상 일한다는 뉴스를 보았어요. 아이들은 컴컴한 공장에서 기다란 바늘로 축구공을 꿰매고 있었어요. 물도 제대로 마시지 못하고 다쳐도 제때 치료를 받지 못한대요. 물론 학교도 다니지 못해요. 앵커는 어린이라면 누구나 누려야 하는 권리가 있다면서 더 이상 어린이들이 고통받지 않도록 '유엔 아동 권리 협약'을 지켜야 한다고 했어요.

　며칠 전에는 화산을 덮고 있던 아이슬란드의 빙하가 33년 만에 녹아 버린 사진을 보았어요. 1986년과 2019년에 찍은 사진은 확연히 달랐어요. 몇백 년이 지나도 녹지 않을 것 같은 만년설이 녹아 붉은색 바위가 훤히 드러나 보였어요. 지구 온난화로 40도가 넘는 폭염이 오랜 기간 계속되어 빙하가 녹았다고 했어요. 그리고 '리우 선언'과 '파리 기후 변화 협약'을 지켜야 한다고 했어요. 과학자들은 기후 변화를 늦추기 위해 빙하가 녹지 않도록 노력해야 한다고 했어요.

국제 조약은 나라와 나라 사이에 맺은 약속이에요. 세계 평화와 질서를 유지하기 위해 만든 것이지요. 어린이의 권리를 지키고 보호하기 위해서 '유엔 아동 권리 협약'을, 전쟁이나 재난, 환경 파괴 등으로 생긴 난민을 보호하기 위해 '난민 지위에 관한 협약'을, 인류를 위협하는 핵 확산을 금지하기 위해 '핵 확산 금지 조약'을 만들었어요. 이 조약들은 모두 세계 평화와 질서를 유지하고 더 나은 세계를 위해 만든 '착한 국제 약속'이에요.

착한 국제 약속을 만들어 놓고도 눈앞에 보이는 자기 나라의 이익을 위해 지키지 않는 나라도 있어요. 그래서 지구 온난화가 일어나고, 습지가 불태워지고, 어린이들이 열악한 노동 현장으로 보내지는 거예요.

이제 더 나은 세상을 만들기 위해 우리가 나서야 해요. 지구 환경과 생명체들이 평화롭고 안락하게 살기 위해, 좀 더 나은 환경을 다음 세대에게 물려주기 위해 관심을 가져야 해요.

열여섯 살의 그레타 툰베리는 스웨덴의 십 대 환경 운동가예요. 툰베리는 기후 변화 대응을 촉구하며 등교를 거부하고, 기후 변화의 심각성을 알리기 위해 요트로 대서양을 횡단했어요. 툰베리는 탄소 배출을 줄이기 위해 항공편이 아닌 태양광 소형 요트를 탔어요.

마지막으로, 여러분에게 툰베리의 연설을 소개하고 싶어요. "지난 30년 동안 환경 문제를 해결하기 위해 많은 사람들이 노력해 왔는데, 효과가 별로 없었습니다. 우리에게는 희망이 필요합니다. 하지만 희망보다 더 필요한 것이 바로 행동입니다. 일단 행동하면 희망은 모든 곳에 퍼지기 때문입니다. 여러분의 행동이 세상을 변화시킨다는 것을 기억해 주시기 바랍니다."

서선연

차례

글쓴이의 말 4

휴대 전화와 맨발의 아이들
유엔 아동 권리 협약 10

좀 더 알아볼까요? 27
1. 세계 곳곳에서 벌어지는 어린이 인권 착취 | 2. '유엔 아동 권리 협약'이란?
3. 어린이 인권 보호를 위해 노력하는 단체 | 4. 방정환과 어린이 인권

적군을 치료해 주자고?
제네바 협약 32

좀 더 알아볼까요? 49
1. 참혹한 전쟁터의 부상병들 | 2. '제네바 협약'이란?
3. 제네바 협약은 잘 지켜지고 있을까? | 4. 뉘른베르크 국제 군사 재판

사막을 건너 난민촌으로
난민 지위에 관한 협약 54

좀 더 알아볼까요? 71
1. 난민은 어떤 사람일까? | 2. '난민 지위에 관한 협약'이란?
3. 난민 지위에 관한 협약은 잘 지켜지고 있을까? | 4. 우리나라에도 난민이 있을까?

판타날을 불태우지 마세요!
람사르 협약 76

좀 더 알아볼까요? 92
1. 습지가 왜 중요할까? | 2. '람사르 협약'이란? | 3. 환경을 위한 여러 약속들
4. 람사르 협약은 잘 지켜지고 있을까? | 5. 우리나라의 람사르 습지

지하철 파업을 지지합니다

국제 노동 기구 협약 98

좀 더 알아볼까요? 114

1. 노동과 노동자의 의미 | 2. '국제 노동 기구 협약'이란?
3. 우리나라 근로 기준법과 전태일 | 4. 우리나라는 국제 노동 기구 협약을 잘 지키고 있을까?

마오리족이 마오리어를 모른다고?

유네스코 문화 다양성 협약 120

좀 더 알아볼까요? 137

1. 다양한 사람, 다양한 문화 | 2. '유네스코 문화 다양성 협약'이란?
3. 문화 다양성을 위한 세계의 노력 | 4. 문화 다양성을 위한 우리나라의 노력

팔꿈치 할아버지의 비밀

핵 확산 금지 조약 142

좀 더 알아볼까요? 160

1. 히로시마와 우크라이나의 비극 | 2. '핵 확산 금지 조약'이란?
3. 핵 확산 금지 조약의 한계 | 4. 원자력 발전소는 위험해

- 도움받은 책 166
- 도움받은 영상 167
- 사진 출처 168
- 도움받은 글 167
- 도움받은 사이트 168

휴대 전화와 맨발의 아이들

유엔 아동 권리 협약

★ 초등 교과 연계

사회 5-1 2. 인권 존중과 정의로운 사회
사회 6-2 1. 세계의 여러 나라들
사회 6-2 2. 통일 한국의 미래와 지구촌의 평화

내가 콩고 동부에 있는 콜탄 광산으로 온 건 2년 전이에요. 우리가 사는 콩고는 오랫동안 나라 안에서 전쟁이 벌어지고 있어요. 아빠는 무장 단체의 폭격으로 크게 다쳐서 일을 못 하게 되었어요. 안 그래도 가난한 우리 집은 빚만 더 늘어 갔지요. 날마다 빚쟁이가 찾아와서 돈을 갚으라고 했어요. 엄마는 남의 집 허드렛일을 해서 우리 가족이 먹을 음식을 구하고, 빚을 조금씩 갚아 나갔어요.

그러던 어느 날 빚쟁이가 와서 당장 돈을 다 갚지 않으면 아이를 하나 데려가겠다고 엄포를 놓았어요. 며칠 동안 빚쟁이가 찾아오자, 어린 여동생들과 남동생이 두려움에 벌벌 떨었어요. 아홉 살인 내가 제일 언니니까, 내가 가겠다고 말했어요. 엄마는 동생들을 돌봐야 하고 여섯 살, 네 살, 서 살인 동생들은 힘든 일을 하기에는 아직 어리니까요.

내가 콜탄 광산으로 팔려 가던 날, 엄마는 집 앞에 서서 하염없이 눈물을 흘렸어요.

콩고 동부에는 콜탄 광산이 많아요. 콜탄은 푸르스름하고 검은 빛이 도는 돌멩이예요. 사람들이 손에 들고 다니는 휴대 전화를 만드는 데 없어서는 안 되는 거래요. 금처럼 반짝이지도 않고 고기처럼 맛나게 먹을 수도 없는데, 왜 그렇게 귀하게 여기는지 모르겠어요.

휴대 전화는 콜탄을 사러 온 외국 사람들과 광산 주인이 들고 다녀요. 휴대 전화로 사진도 찍고 게임도 하고 서로 얼굴을 보며 통화할 수도 있고, 인터넷에 연결해서 여러 가지 정보도

얻을 수 있대요.

　콜탄 광산의 하루는 새벽 6시에 시작돼요. 먼저 어른들이 삽과 곡괭이로 땅을 깊이 파내려 가요. 그러면 남자아이들이 망치와 끌을 들고 들어가 굴을 파거나 몸집이 큰 어른들이 들어가지 못하는 굴속에서 콜탄을 꺼내요. 마지막으로 여자아이들과 어린 남자아이들이 콜탄을 자루에 담아 나르지요.

　땅속에 파 놓은 굴에 나무나 철사를 덧대면 주변의 돌과 흙이 무너져 내리지 않아요. 그런데 감독관은 안전장치를 하면 돈이 많이 들고 시간이 걸린다면서, 그냥 굴속에 들어가 콜탄을 꺼내 오라고 해요. 언제 무너질지 모르는 굴속으로 들어가서 일하는 게 얼마나 무섭고 겁나는지 몰라요.

　얼마 전에도 아무런 안전장치 없이 굴을 파다가 돌과 흙이 와르르 무너져 내려 어른들과 아이들이 갇혀 죽었어요. 슬퍼할

겨를도 없이 곧 새로운 일꾼들이 왔어요. 이곳에서는 한 사람이 죽어 나가면 다른 사람이 와서 금세 빈자리를 채운답니다.

"휴대 전화가 없어졌으면 좋겠어. 그러면 우리가 콜탄 광산에서 힘들게 일하지 않아도 되잖아."

요란데가 자기 몸집만 한 콜탄 자루를 머리에 이고 가며 투덜거렸어요. 이제 여섯 살이 된 요란데도 나처럼 빚 때문에 팔려 왔어요.

"쉿, 조용히 해. 감독관이 들으면 채찍으로 때릴 거야."

마시카 언니가 나서서 요란데를 말렸어요. 마시카 언니는 열두 살인데, 전쟁 통에 아빠 엄마를 잃고 떠돌다가 3년 전에 콜탄 광산으로 잡혀 왔어요.

"넬리, 괜찮아? 어제부터 다리를 절뚝거리던데?"

뿌연 먼지로 덮인 발가락 사이로 붉은색 핏방울이 스멀스멀 올라오고 있었어요.

"그저께 발바닥이 찢어졌는데, 잘 아물지 않아."

"그 자루 나한테 줘. 내가 들고 갈게."

감독관은 긴 채찍을 들고 다니며 쉬거나 잡담하는 아이가 있는지 늘 감시해요. 마시카 언니가 감독관이 보지 않는 틈을 타서 내 자루를 가져갔어요. 몸이 비쩍 마른 마시카 언니에게 도움을 받게 되니 마음이 편치 않았어요.

"낡은 신발이라도 신을 수 있다면 다치지 않을 텐데."

신발도 없이 돌투성이 광산을 돌아다니다 보면 뾰족한 돌멩이에 찔리기도 하고, 발바닥이 쩍쩍 갈라져 피가 나기도 해요.

이렇게 피가 나고 발이 부어오르는데 왜 병원에 가지 않냐고요? 그건 콜탄 광산의 사정을 잘 몰라서 하는 말이에요. 옥수수죽 한 그릇과 빵 한 개로 하루를 버텨야 하는 이곳에서 치료는 엄두도 내지 못하는 일이에요.

감독관한테 말하면 "그깟 발 좀 다쳤다고 일을 안 하겠다는 거야?"라고 고함을 지를 게 뻔해요. 그뿐인가요? 꾀병을 부린다고 채찍질까지 할걸요.

치료를 받고 싶어도 광산 근처에는 병원이 없어요. 설령 병원이 있다고 해도 감독관은 우리를 병원에 데려가지 않을 거예요. 어떻게 아냐고요?

몇 달 전에 아이들이 설사병에 걸렸을 때도 감독관은 광산에 일을 하러 보냈어요. 구토를 하고 누런 설사 똥을 싸는데도 말이에요. 사흘이 지나자 치료를 받지 못한 아이들이 하나둘 죽기 시작했어요. 우리가 모여 엉엉 울고 있을 때 감독관이 이렇게 말하는 걸 들었어요.

"에잇, 또 어디서 일할 아이를 데려와야 하나?"

그날 밤에 나는 발이 퉁퉁 붓고 온몸에서 열이 났어요. 하루 종일 무거운 짐을 져서 머리가 끊어질 것 같았고, 목이랑 어깨도 아팠어요. 자다 깨다를 반복하다가 까무룩 잠이 들었는데, 앵앵 사이렌 소리가 들려왔어요. 아침이 되었다는 신호예요. 다시 콜탄 광산에 일하러 가야 한다는 신호이기도 하고요.

　　자리에서 일어나려는데 발이 너무 심하게 부어올라 일어설 수조차 없었어요.

　　"넬리 언니, 발…… 발 좀 봐!"

　　요란데가 땡땡하게 부어오른 내 발을 보고 깜짝 놀랐어요.

"넬리, 감독관한테 소독약이라도 발라 달라고 해야겠어."

내가 말릴 틈도 없이 마시카 언니는 감독관한테 갔어요.

한참 지나서 오른쪽 뺨이 벌게진 마시카 언니가 감독관과 함께 숙소로 왔어요. 아픈 아이가 있으니 치료해 달라고 했다가 맞은 게 틀림없었어요.

"도대체 얼마나 아프다는 거야?"

감독관은 숙소에 들어서자마자 소리를 버럭 질렀어요. 그러고는 고름과 핏물이 뒤섞인 내 발을 보더니 코를 틀어막고 얼굴을 찌푸렸어요.

"소독약이 있으려나? 오늘은 광산에 안 가도 돼. 하지만 먹을 것은 반만 줄 거야. 일을 안 하니까!"

일을 안 해도 된다는 말을 들어도 하나도 기쁘지 않았어요. 내가 일하지 않으면 마시카 언니와 요란데, 그리고 다른 아이들이 더 많이 일해야 하니까요.

숙소에 있던 아이들이 모두 일하러 나가고, 나만 덩그러니

누워 있었어요. 내 머리맡엔 옥수수죽 반 그릇과 빵 반쪽이 놓여 있었어요. 아무것도 먹지 않았는데 이상하게 배가 고프지 않았어요. 나는 계속 잠만 왔어요. 발은 점점 더 부어올라 아무런 감각도 느껴지지 않았지요.

저녁이 되자, 아이들이 숙소로 돌아오는 소리가 들렸어요. 하지만 나는 몸을 일으킬 수도 없고, 눈을 뜰 수도 없었어요.

"넬리 언니, 눈 좀 떠 봐. 죽으면 안 돼, 넬리 언니!"

요란데의 목소리가 멀어지면서 나는 그대로 정신을 잃고 말았어요. 눈을 떴을 땐 병원 침대에 누워 있었어요. 내가 어떻게 병원에 오게 되었냐고요?

내가 기절한 그날 저녁, 콜탄 광산에 콩고 정부에서 일하는 공무원과 국제단체에서 일하는 사람들이 들이닥쳤어요. 그 사람들은 광산과 어린이들이 머무는 숙소를 둘러보고는 콜탄 광산 주인과 감독관을 체포해 갔어요.

광산 주인은 아이들을 납치하거나 갚을 빚을 속여 데려오고, 어른들에게는 터무니없이 낮은 임금을 주고 일을 시켰어요. 감독관은 아이들에게 채찍질을 하며 일을 시키고, 물과 먹을 것을 제대로 주지 않고, 아파도 치료해 주지 않고, 병원에도 데려가지 않았어요.

광산에서 벌어지는 일에 관한 소문을 듣고, 콩고 정부에서 얼마 전부터 이 광산을 조사했대요.

"대부분의 아이들이 영양실조에 걸렸어요."

"이렇게 아픈데도 치료를 안 해 주다니!"

광산을 샅샅이 조사하던 사람들이 참혹한 광경을 보고 안타까워했어요.

"우리는 아이들을 가난에서 구해 준 거라고. 이 광산을 떠나면 아이들은 굶어 죽을 거야!"

광산 주인과 감독관은 잡혀가면서 오히려 큰소리를 쳤어요.

이제 두 사람은 재판을 받고 감옥에 갈 거래요.

　영양실조에 걸린 아이들, 더러운 물을 마시고 아픈 아이들, 그리고 나처럼 발이나 팔을 다친 아이들은 모두 병원에서 치료를 받았어요. 나는 조금만 더 치료가 늦어졌다면 한쪽 다리를 잘라내야 했을 거래요.

　요란데는 빚을 다 갚고 집으로 돌아가고, 마시카 언니는 고아원에 보내졌어요. 나는 빚을 갚은 지 6개월이나 지났다는 게 밝혀졌어요. 악독한 광산 주인이 그걸 알려 주지 않고 계속 일을 시킨 거예요. 나는 다리를 완전히 치료한 다음, 2년 만에 집으로 돌아왔어요. 엄마와 아빠, 동생들이 엉엉 울며 나를 반겨 주었어요. 우리 집은 여전히 가난하지만, 그래도 가족이 있는 집이 얼마나 아늑하고 편안한지 몰라요.

　나는 다시 학교에 다니고 있어요. 집안 형편이 어려워도 엄마는 학교에 보내 주었어요. 광산에서는 아파도 병원조차 갈 수 없었으니, 학교는 꿈도 꿀 수 없었는데……. 2년 동안 밀린 공부를 하느라 힘이 들지만, 학교에 다니고 공부할 수 있다는 것만으로도 정말 행복해요.

나는 어른이 되면 우리를 구해 준 국제단체 사람들처럼 다른

사람을 돕는 일을 하고 싶어요. 콩고에는 아직도 콜탄 광산이나 코발트 광산, 옥수수 농장에 팔려 가서 노예처럼 일하는 아이들이 많아요. 내가 도움을 받은 것처럼 그런 어려움에 처한 아이들을 도와줄 거예요.

◎ 유엔 아동 권리 협약 제24조
어린이는 위험하거나 교육에 방해되거나 어린이의 몸과 마음에 해가 되는 노동을 해서는 안 된다.

◎ 유엔 아동 권리 협약 제32조
어린이는 건강하게 자랄 권리가 있다. 충분한 영양을 섭취하고 깨끗한 물을 얻을 수 있어야 하며, 병원이나 보건소 등에서 치료받을 수 있어야 한다.

1. 세계 곳곳에서 벌어지는 어린이 인권 착취

아프리카 르완다에서는 1960년대부터 내전이 계속되었어. 소년병이 된 아이들은 자신의 키보다 큰 총을 들고 군사 훈련을 받고 전쟁터에 나가야 했어. 케냐에서는 동물의 똥오줌과 쓰레기가 둥둥 떠 있는 강물을 마신 뒤 눈이 멀거나 전염병에 걸려 죽는 아이들이 많아졌어.

벽돌 공장에서 일하는 네팔의 여자아이들이야. 공장에서 맨손으로 벽돌을 만들고, 오염물 배출 시설이 갖춰지지 않아서 아이들의 건강이 나빠지고 환경오염도 심각하다고 해.

전 세계 축구공의 70퍼센트를 만드는 파키스탄의 축구공 공장에서는 열두 살이 채 안 된 아이들이 물도 제대로 마시지 못하고, 아프거나 다쳐도 치료를 못 받고 일했어. 학교에 가서 공부하는 건 꿈도 꿀 수 없었지. 지금도 세계 곳곳에서는 종교나 인종 때문에 차별을 받고, 노동 착취를 당하고, 아파도 치료를 받지 못하는 등 어린이의 권리를 침해하는 일이 벌어지고 있어.

2. '유엔 아동 권리 협약'이란?

두 번의 세계 대전이 끝난 뒤, 전 세계는 폐허가 되고 말았어. 배고픔과 질병으로 고통받는 어린이와 부모를 잃은 전쟁고아도 많이 생겼지. 그러자 세계 여러 나라가 어린이 인권 문제에 관심을 갖기 시작했어. 유엔 인권 위원회에서는 10년 동안 '유엔 아동 권리 협약'을 준비했지. 1989년 11월 20일, 유엔 총회에서는 '유엔 아동 권리 협약'을 만장일치로 채택했어.

유엔 아동 권리 협약은 어린이를 '18세 미만의 모든 사람'이라고 정의하고, '존엄성과 권리를 가진 존재'라고 분명하게 밝혀 두었어. 이 협약은 어린이라면 당연히 누려야 하는 생존권, 보호권, 발달권, 참여권에 대한 권리를 담은 54개 조항으로 이루어졌지.

유엔 아동 권리 협약은 각 나라에서 어린이의 인권과 건강, 교육 등을 개선하는 바탕이 되는 약속이야. 2016년까지 우리나라를 포함한 전

생존권	안전한 주거지에서 살아갈 권리, 충분한 영양을 섭취하고 깨끗한 물을 먹고 병원에서 치료받을 권리 등
보호권	차별과 폭력, 고문, 징집, 위험하거나 해가 되는 노동, 약물과 성폭력으로부터 보호받을 권리 등
발달권	충분히 쉬고 놀 권리, 교육 받을 권리, 잠재 능력을 발휘하는 데 필요한 권리 등
참여권	자신의 생활에 영향을 주는 일에 의견을 말하고 존중받을 권리, 말이나 글, 예술을 통해 생각을 표현할 권리, 사생활을 보호받을 권리 등

세계 196개국에서 유엔 아동 권리 협약을 지키기로 비준했어.

유엔 아동 인권 위원회는 이 협약에 가입한 나라들이 잘 지키고 있는지를 조사하고 있어. 만약 협약을 어긴 것으로 판단되면 바로잡게 하고 어린이 권리를 보호하는 법을 만들라고 요구해.

유엔 아동 인권 위원회 노력으로 세계는 조금씩 바뀌고 있어. 파키스탄의 축구공 공장에서는 열다섯 살이 안 된 아이들은 일할 수 없게 만들었지. 케냐에서는 우물 파기 사업을 벌여 사람들이 깨끗한 물을 먹게 되었고, 설사나 이질로 아픈 어린이들이 치료를 받게 되었어.

유엔(국제연합) 제2차 세계 대전이 끝나고 국제 평화와 정치, 경제, 문화, 환경 등의 문제를 해결하기 위해 만든 국제 평화 기구야. 1945년 10월에 설립되었어.

비준 협약이나 조약을 헌법에 쓰인 조약 체결권자가 최종적으로 확인하고 동의하는 것을 말해.

조약 나라와 나라, 국제기구와 나라 사이, 유럽 연합(EU) 등 지역 공동체 사이에 맺은 약속을 가리키는 말이야. 조약을 체결한 나라들은 조약을 성실하게 지킬 의무가 있어. 만약 지키지 않는다면 처벌을 받을 수 있어.

3. 어린이 인권 보호를 위해 노력하는 단체

비정부 기구인 NGO(Non-Governmental Organization)에서도 전 세계 어린이의 인권 보호를 위해 애쓰고 있어.

월드비전(World Vision) 6·25 전쟁 때, 고아가 된 어린이들과 남편을 잃은 부인들을 돕기 위해 설립된 국제 구호 개발 기구야. 병원과 학교를 짓고, 우물을 파는 등 활발한 활동을 하고 있지.

세이브더칠드런(Save the Children) 빈곤 아동을 돕는 국제기구야. 가장 오래된 비정부 기구로, 1919년에 설립되었지. 경제적 지원과 교육, 깨끗한 물과 환경을 제공하여 어린이의 권리를 보호하고 있어.

굿네이버스(Good Neighbors) 아동 학대 상담 센터를 만들어 학대당한 어린이들을 보호하고, 아동 학대 예방 사업을 펼치고 있는 비영리 단체야.

4. 방정환과 어린이 인권

1922년 5월 1일, 방정환이 제1회 어린이날 행사를 개최했어. 1923년에는 우리나라 최초의 어린이 잡지인 『어린이』를 창간했지. 방정환은 "어린이는 어른보다 10년, 20년 새로운 세상을 지어 낼 밑천을 가졌다. 결단코 어른들의 주머니 속 물건이 될 까닭이 없다."라고 했어. 이전까지는 우리나라 어린이는 인격을 가진 사람으로 존중받지 못했어. 어린이를 독립된 사람이라고 생각하지도 않았지. 하지만 방정환이 처음 '어린이'라는 말을 사용하면서 '젊은이', '늙은이'처럼 '한 사람'이라는 독립되고 평등한 인간이라는 생각을 담았어.

사회가 변하고 사람들의 생각이 바뀌면서 어린이 인권에 대한 생각이 조금씩 나아지고 있어. 외모나 성별, 국적 때문에 차별받지 않아야 하고, 자유롭게 자신의 생각을 표현하고 존중받으며, 부모님의 보호를 받아야 하는 등 학교에서도 어린이의 권리를 알려 주고 있지.

적군을 치료해 주자고?
제네바 협약

★ 초등 교과 연계
사회 6-2 1. 세계의 여러 나라들
사회 6-2 2. 통일 한국의 미래와 지구촌의 평화

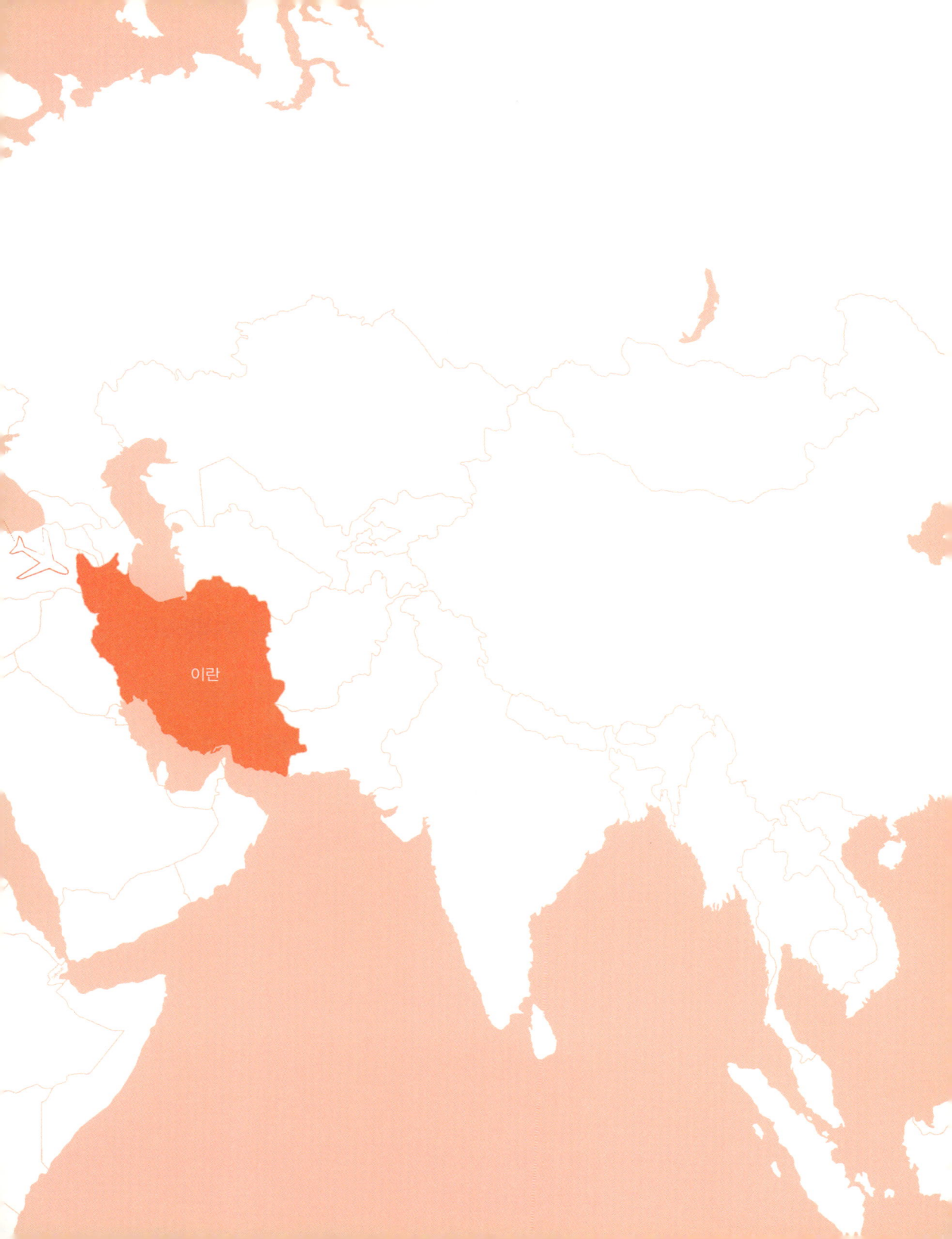

"여기 다친 사람이 있어요. 도와주세요."

쾅쾅거리는 폭격 소리가 내 목소리를 집어삼켰어요.

나는 한쪽 다리를 다친 할아버지를 수레에 싣고 폭격으로 무너져 내린 건물 사이를 걸어갔어요.

쿵, 쿵! 콰쾅!

폭격 소리는 멈추지 않고 계속 들려왔어요.

"할아버지, 조금만 참으세요. 저 모퉁이만 돌면 병원이에요."

병원 안은 이미 환자들로 가득 찼고, 병원 앞마당까지 다친 사람들이 죽 늘어서 있었어요. 팔이 떨어져 나간 사람, 머리에서 피가 나는 사람, 온몸에 붕대를 친친 감은 사람도 있었어요.

"누가 좀 도와주세요, 제발요!"

나는 할아버지의 손을 꼭 잡고 흐느껴 울었어요.

우리 이란과 이라크는 국경이 맞닿아 있어요. 그래서 오래전부터 크고 작은 전쟁이 많이 일어났어요. 그러던 어느 날, 이라크 군대가 국경을 넘어 후제스탄으로 쳐들어왔어요. 내가 사는 후제스탄은 이란의 서부에 있는 도시로, 석유가 많이 나는 곳이에요.

이라크는 자신들의 옛 영토를 되찾기 위해 전쟁을 일으켰다고 했어요. 그런데 어른들이 하는 말을 들어 보니, 후제스탄에서 나는 석유를 빼앗기 위해 쳐들어온 것이래요.

쾅! 쾅!

밤낮없이 폭탄이 날아왔어요. 처음엔 군사 시설을 파괴하고 그다음엔 석유 시설, 건물과 학교, 그리고 우리가 사는 집까지 파괴했어요.

　내가 가족을 잃은 그날 밤, 잠을 자고 있는데 갑자기 "쾅! 쿠앙! 쿠아아앙!" 하는 소리가 들려왔어요.

　"나세르! 나세르, 어디 있니?"

　캄캄한 어둠 속에서 나를 부르는 소리가 희미하게 들려왔

어요. 쿠구궁, 땅이 흔들리면서 얼굴 위로 흙이 흘러내리더니 순식간에 집이 무너졌어요.

누군가 내 손을 꽉 잡고 집 밖으로 끄집어냈어요. 무너진 집 더미 사이로 불길이 치솟아 올랐어요. 나는 불타는 우리 집을 보며 비명을 질렀어요.

전날 저녁에는 할아버지와 할머니, 아빠와 엄마, 동생이랑 잠이 들었는데, 다음 날 아침이 되었을 때는 오른쪽 다리를 다친 할아버지와 나만 무너져 내린 집 앞에 서 있었어요.

올해 열한 살 된 나는 그렇게 가족을 잃고 말았지요.

병원 안은 아수라장이었어요. 다친 사람들은 많은데 의사 선생님과 간호사 선생님이 턱없이 부족했어요. 병원에 있는 자원봉사자들은 의사 선생님의 지시를 받고 부지런히 움직이며 다친 사람들을 도왔어요. 수술실도 부족하고 붕대도 부족하고 치료약도 부족했어요. 병원은 온통 부족한 것투성이였어요.

할아버지는 자원봉사자에게 피를 멈추게 하는 응급 처치를 받고 나서 한참을 기다려 의사 선생님에게 치료를 받았어요.

할아버지는 오른쪽 다리를 열다섯 바늘이나 꿰맸어요.

"할아버지는 괜찮은 거죠? 돌아가시는 건 아니죠?"

할아버지가 눈을 뜨지 않자 나는 눈물범벅이 된 얼굴로 의사 선생님에게 물었어요.

"다행히 뼈는 부러지지 않았단다. 꿰맨 것만 잘 아물면 돼. 걱정 마라."

그 말에 겨우 안심이 되었어요.

"너도 다친 모양이로구나. 어디 좀 보자."

나는 그제야 두 손을 펼쳐 보았어요. 무거운 수레를 끌고 오느라 살갗이 벗겨져 피가 나고 있었어요.

"괜찮아요. 난 괜찮아요."

눈물을 멈추려고 입을 앙다물었는데도 자꾸만 눈물이 흘러내렸어요.

할아버지 침상 옆을 지키고 있는데, 폭탄 떨어지는 소리와 총 쏘는 소리가 들려왔어요. 병원에 폭탄이 떨어지면 어떻게 하나, 이라크 군대가 병원 문을 열고 수류탄을 던지고 총을 쏘면 어떻게 하나, 별의별 생각이 다 들어 불안감이 점점 커졌어요.

그런 와중에도 긴장이 풀렸는지 잠이 쏟아졌어요. 하지만 눈을 감으면 길거리에서 처참하게 죽은 사람들의 모습이 보이고, 폭탄 떨어지는 장면이 떠올랐어요. 무너진 집에서 빠져나오지 못한 할머니와 아빠, 엄마, 동생이 피 흘리는 모습도 그려졌어요. 나는 눈꺼풀에 힘을 꽉 주고 잠을 자지 않으려고 애썼어요.

"이 병원은 안전한가요?"

멀리서 들려오는 폭격 소리에 귀를 기울이며 물었어요.

"전쟁을 하더라도 다친 사람을 치료하는 병원은 공격하지 못하게 되어 있단다. 나라끼리 그렇게 약속했어."

붕대를 들고 뛰어가던 자원봉사자 누나가 대답해 주었어요.

"그 약속을 어기면요? 어길 수도 있잖아요. 학교랑 우리 집도 모두 폭격으로 무너져 버렸는걸요."

그 누나는 아무 대답도 하지 못했어요.

병원에서의 시간은 더디게 흘러갔어요. 가끔씩 폭탄 소리가 들리고 다친 사람들이 계속 들어왔지만, 그래도 병원에 있는 동안은 안전한 것 같았어요.

할아버지는 차츰차츰 좋아졌어요. 이제 조금씩 다리를 움직이게 되어서 가끔씩 병원 주변을 걷기도 했지요. 그러던 어느 날이었어요. 할아버지와 병실을 나서는데 어디선가 시끄러운 소리가 들려왔어요.

병원 입구로 가 보니 어른들끼리 실랑이를 벌이고 있었어요.

"뭐야! 다친 이라크군을 왜 데려온 거야!"

"산 아래에서 피 흘리며 쓰러져 있길래 데려왔어요. 다친 몸을 이끌고 산꼭대기에서부터 혼자 내려온 모양이에요."

"그래도 그렇지. 이라크군은 우리 적이란 말이에요!"

"이 피 좀 보세요. 많이 다친 것 같아요. 지금 당장 치료하지 않으면 죽을지도 몰라요."

　어른들 사이를 비집고 들어가 보니 내 또래처럼 보이는 이라크 병사가 겁에 질려 벌벌 떨고 있었어요. 자기 몸보다 훨씬 큰 군복을 돌돌 말아 입고, 군화도 신지 않은 채 온통 피투성이인 발이 애처롭게 보였어요.

"이라크 군대가 우리 집을 부쉈다고요!"

어떤 할머니가 사람들을 향해 다친 팔을 흔들어 보였어요.

"적을 치료해 주었다가 나중에 화를 입으면 어떡해요?"

머리에 붕대를 친친 감은 아주머니가 말했어요.

그때 우리 할아버지가 나섰어요.

"내 손자도 전쟁터에 나갔소. 이 아이도 누군가의 자식일 거요. 당신들의 자식이 이라크 땅에서 다쳐 홀로 남겨졌다면 어떻겠소? 누군가 우리처럼 치료해 주길 바라지 않겠소?"

할아버지의 말에 모두들 전쟁터에 나간 가족을 떠올리는 듯했어요. 이 병원에 있는 사람들의 가족 중 누군가는 전쟁에 나가 있는 상황이었으니까요.

"전쟁 중에는 적군이라도 치료해 주기로 약속했어요. 적군을 돌봐 주었다는 이유로 공격받거나 처벌받지는 않아요."

자원봉사자 아저씨의 말에 사람들이 조용해졌어요.

"그게 정말이라면 이 아이 치료해 줘도 괜찮지 않나요?"

내 말에 어른들 몇 명이 고개를 끄덕였어요.

반대하는 목소리가 잦아들자, 사람들이 이라크 병사를 들것에 실어 병원 안으로 데려갔어요.

이라크 병사는 큰 수술을 받고 나흘 만에 깨어났어요. 처음에는 불안한 눈빛으로 병원 침대에 누워만 있었어요. 잠도 잘 못 자는 것 같았어요. 아마도 우리가 자기를 해칠지도 모른다고 생각한 모양이에요.

시간이 흐르자 이라크 병사는 음식을 조금씩 먹고 몸도 살살 움직이게 되었어요. 그리고 우리들에게 무언가를 말하고 싶어 했어요. 아랍어를 하는 사람이 이라크 병사의 말을 통역해 주었어요.

이라크 병사의 이름은 아이함이래요. 열세 살이라는데, 키는 나랑 비슷하지만 몸집은 나보다 작아요. 아이함의 부대가 이웃 마을 산꼭대기에 숨어 있었는데, 갑자기 폭탄이 떨어져 뿔뿔이 흩어지고 홀로 남았대요. 가슴에 폭탄 파편을 맞고 혼자서 산 아래로 내려왔고요. 아이함의 아버지와 어머니는 전쟁으로 죽고 고향에는 여동생 혼자 남아 있대요. 아이함은 여동생에게 꼭 살아서 돌아가겠다고 약속했다고 해요. 그래서 자기를 살려 준 우리들에게 몇 번이나 감사하다고 인사했어요.

마지막에 아이함이 무슨 말을 하고 울음을 터뜨렸는데, 통역하는 사람도 같이 눈물을 흘렸어요.

"죄송해요. 저는 죽고 싶지 않아서 총을 쐈어요. 흑흑흑."

아이함이 그렇게 말했대요. 그 말을 듣고 주위에 있던 사람들 모두가 눈시울이 붉어졌어요.

끔찍한 전쟁은 8년이 지나서야 끝이 났어요. 하지만 우리가 살던 마을은 완전히 폐허가 되었어요. 수많은 사람들이 다치거나 죽었고, 수많은 아이들이 아빠 엄마를 잃고 고아가 되었어요. 전쟁터에 나간 할아버지의 손자, 그러니까 우리 형은 끝내 집으로 돌아오지 못했어요. 아직까지 형이 살았는지 죽었는지도 모르고 있어요.

전쟁이 끝나고 한참 뒤에 아이함이 이라크 땅으로 무사히 돌

아갔다는 소식을 들었어요. 아이함이 '국경 없는 의사회(세계 여러 나라에서 전쟁, 질병, 자연재해가 일어나면 긴급 지원 활동을 하는 의료 단체)'를 통해 우리 마을에 있는 병원으로 편지를 보내왔거든요. 아이함은 적군인 자신을 치료해 준 사람들에게 다시 한번 감사 인사를 했어요. 그리고 특별히 할아버지에게 이런 말을 전해 달라고 했대요.

"만약 그때 할아버지가 나서서 저를 구해 주지 않았더라면 저는 죽고 말았을 거예요. 그리고 제 여동생은 가족을 모두 잃게 되었을 거예요. 할아버지 덕분에 새로운 생명을 얻은 셈이니, 이 세상에 도움되는 사람이 되겠습니다. 감사합니다!"

◎ **제1차 제네바 협약**(전쟁터의 부상병에 관한 조약)
 제18조 주민의 역할
 어떠한 경우에라도 부상자와 병자를 간호하였다는 이유로 박해 또는 유죄 선고를 받지 않는다.

◎ **제4차 제네바 협약**(전쟁 중 민간인 보호에 관한 조약)
 제18조 민간 병원의 보호
 부상자, 병자, 허약자 및 임산부를 간호하기 위하여 설립된 민간 병원은 어떠한 경우에도 공격의 대상이 되어서는 아니 되며, 충돌 당사국은 이를 존중하고 보호하여야 한다.

1. 참혹한 전쟁터의 부상병들

인류는 고대 시대 때부터 영토를 넓히기 위해 전쟁을 벌였어. 전쟁이 끝나면 패배한 나라의 남자와 여자, 아이들을 잡아 와서 노예로 부렸지. 노예는 물건이나 재산처럼 생각해서 돈을 주고 사고팔았고, 마음대로 죽이기도 했어.

근대에 와서도 전쟁은 끊임없이 일어났어. 수많은 사람들이 전쟁터에서 다치거나 죽었고, 사로잡힌 병사들은 포로가 되었지. 적국의 병사가 부상을 당하면 그냥 내버려 두었고, 포로가 된 병사들에게는 먹을 것도 제대로 주지 않았어. 비위생적인 곳에 가두고 고문하기도 했지.

1859년 이탈리아 통일 전쟁 때의 일이야. 스위스의 사회사업가인 앙리 뒤낭이 한창 전투가 벌어지고 있는 이탈리아의 솔페리노를 지나가게 되었어. 뒤낭은 수많은 시체가 널브러져 있고, 부상병들이 치료도 받지 못한 채 버려진 모습을 보고 큰 충격을 받았어. 그래서 전쟁터에서 다친 병사들을 위해 무언가를 해야겠다고 결심했지.

2. "제네바 협약"이란?

앙리 뒤낭은 끔찍하고 비참한 전쟁의 모습을 기록한 『솔페리노의 회상』이라는 책을 출간했어. 이 책에서 뒤낭은 다친 병사들을 치료하기 위해 자원봉사자들을 길러 내고, 민간단체를 만들고, 여러 나라가 민간단체의 활동을 지원하는 협약을 만들어야 한다고 했어. 그리고 유럽의 여러 나라를 돌아다니며 자신이 생각한 것을 설명하고 실천에 옮겼어.

1863년 2월, 제네바에서 뒤낭의 생각들을 구체적으로 실현하기 위한 '국제 부상자 구호 위원회'가 만들어졌어. 국제 부상자 구호 위원회는 후에 '국제 적십자 위원회'가 되었지. 1864년에는 스위스 제네바에

적십자의 창시자 앙리 뒤낭(1828~1910)

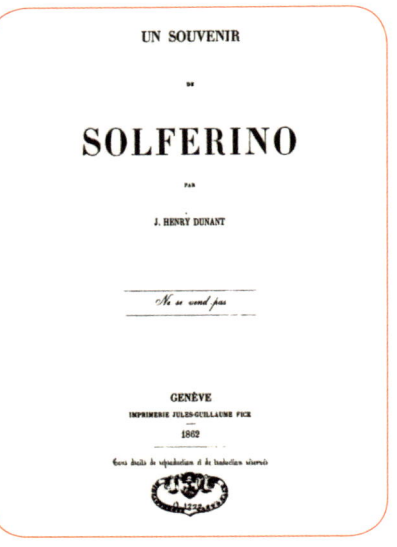

『솔페리노의 회상』(A Memory of Solferino, 1862) 초판본의 표지야.

제1차 협약	1864년 체결. 전쟁터의 부상병에 관한 조약 전쟁터에서 부상병 호송 차량과 야전 병원은 공격하지 않고, 부상병과 아픈 사람은 국적에 상관없이 치료를 받고, 부상당한 적군 병사를 치료한 민간인은 불이익을 당하지 않는다는 내용
제2차 협약	1906년 체결. 바다에서의 부상자와 난파자에 관한 조약 바다에서 벌어지는 전쟁에서 다친 사람과 아픈 사람을 치료하고 보호해야 한다는 내용
제3차 협약	1929년 체결. 전쟁 포로의 대우에 관한 조약 전쟁 포로를 인도적으로 대우해야 한다는 내용 전쟁 포로를 치료하고 보호하며, 비인도적인 대우를 하지 않고, 전쟁이 끝나면 자기 나라로 돌려보낸다는 내용
제4차 협약	1949년 체결. 전쟁 중 민간인 보호에 관한 조약 군인뿐 아니라 어린이, 노인, 여자 등 민간인들을 보호하기 위한 내용 민간 병원과 민간인이 탄 교통수단을 공격하지 않고 민간인에게 보내는 의료품과 식료품을 실은 차를 막지 않는다는 내용

서 국제 회의가 열렸어. 여기에서 스위스, 프랑스, 벨기에, 이탈리아, 포르투갈 등 12개국 대표들이 회담을 열어 10개 조항으로 된 협약을 체결하였는데, 이것이 바로 '제네바 협약'이야. 뒤낭의 노력으로 다친 병사들이 치료를 받고, 다친 병사들을 운반하는 차량과 치료하는 병원을 공격하지 않는 조약이 만들어진 거야. 이후에 제네바 협약은 세 차례 더 체결되었고, 1949년에 모두 개정되었어. 제네바 협약은 4개의 협약과 3개의 의정서로 구성되어 있어.

3. 제네바 협약은 잘 지켜지고 있을까?

제2차 세계 대전 때, 일본은 중국 난징에 쳐들어가 30만 명이나 되는 군인과 민간인을 죽였어. 또 영국군과 미국군 포로를 채찍으로 때려 가며 강제 노동을 시켰어. 2003년 이라크 전쟁 때에는 미국 군인들이 이라크 포로들을 학대하는 사진이 공개되어 전 세계 사람들이 분노했어. 그러나 몇몇 군인들만 법정에서 재판을 받았고, 지위가 높은 책임자들은 처벌을 받지 않았어.

두 경우 모두 전쟁 포로의 인권을 보호하자는 제3차 제네바 협약을 위반했어. 이처럼 제네바 협약을 위반하고 비인간적인 대우를 하는 경우도 많아.

제네바 협약을 어기더라도 국제 사회에서 막강한 힘을 가진 나라의 압력을 받아 제대로 처벌하지 못하기 때문이야. 제네바 협약에 가입한 나라가 본국에 불리한 조항을 유보하여 자신들의 입맛에 맞게 협약을 이용하기 때문이기도 해. 제네바 협약으로는 전쟁 범죄를 저지른 나라의 지도자나 군대 지휘관, 병사는 처벌할 수 있지만, 전쟁을 일으킨 국가는 처벌하지 못하는 한계가 있어.

유보 조약을 체결할 때, 조약의 적용을 일정한 범위로 제한하기 위해 의사 표시 하는 걸 말해.

4. 뉘른베르크 국제 군사 재판

제2차 세계 대전에서 승리한 연합군은 1945년 독일의 뉘른베르크에서 나치 독일의 전쟁 범죄와 유대인 학살과 관련된 사람들을 재판하는 국제 군사 재판을 열었어. 재판정에 선 사람들은 국제 조약과 협정을 위반하여 침략 전쟁을 일으키고, 민간인을 함부로 죽이거나 추방하고, 유대인을 학살한 죄로 재판을 받았어. 결국, 10년 형에서 무기 징역, 사형에 이르기까지 중형을 선고받았지.

뉘른베르크 국제 군사 재판은 전쟁 중이라도 제네바 협약을 비롯한 국제법을 지키지 않으면 처벌한다는 것을 보여 주었어.

1945년 11월에서 1946년 10월 사이에 열린 뉘른베르크 국제 군사 재판 모습이야. 칸막이 안쪽에 앉아 있는 사람들이 피고인들과 그들의 변호사들이야.

사막을 건너 난민촌으로
난민 지위에 관한 협약

★ 초등 교과 연계
사회 6-2 1. 세계의 여러 나라들
사회 6-2 2. 통일 한국의 미래와 지구촌의 평화

사막 한가운데서 트럭이 멈춰 섰어요.

부르르르르, 부르르르르.

아빠가 땀을 뻘뻘 흘리며 엔진을 고치고, 보두앵 아저씨는 잔뜩 긴장한 얼굴로 시동을 걸었어요.

부르르르르, 부르르르르, 티딕, 티딕, 티딕, 틱.

그나마 작게 들리던 소리조차 완전히 멈췄어요.

"트럭이 고장 났어요. 움직이질 않아요. 여기서부터는 걸어가야 합니다."

이틀 동안 밤새 달린 트럭은 니제르 북부 사막 지대에서 멈춰 서고 말았어요.

"사흘만 걸어가면 리비아 국경에 다다를 거예요. 어서 아이들과 여자들부터 챙겨요."

아빠의 말에 사람들의 눈동자가 불안하게 흔들렸어요.

"마실 물과 음식도 얼마 남지 않았는데 사흘이나 가야 한다고요?"

"이 넓은 사막을 걸어간다고?"

여기저기서 한숨과 걱정 섞인 목소리가 들려왔어요.

"밤이 되면 추울 거예요. 빨리 움직여야 해요."

누군가 큰 소리로 말하자, 그제야 사람들은 먹을거리와 옷가지가 든 짐을 챙겨 트럭에서 내렸어요. 스물두 명의 사람들이 한 줄로 늘어서서 사하라 사막을 걸어가기 시작했어요.

내가 태어나기 전부터 우리 니제르에는 쿠데타가 일어나 불안이 계속되었어요. 대통령이 암살되거나 쫓겨났고, 장관들이 감옥에 갇히기도 했어요. 얼마 전부터는 무장 단체들이 마을까지 공격해 먹을 것을 빼앗고 사람들을 죽이기 시작했지요.

쿠앙, 쿠앙!

폭탄 떨어지는 소리가 멀리서 들려왔어요. 나와 여동생 샤를은 며칠 동안 학교도 못 가고, 지하실에서 숨어 지냈어요.

이틀 전 저녁, 바깥 사정을 살피러 갔던 아빠가 지하실로 뛰어 들어오며 소리쳤어요.

"빨리 짐 챙겨, 어서 가야 해!"

다급한 아빠의 얼굴만 봐도 무슨 일이 벌어지고 있는지 단박에 알아차릴 수 있었어요.

"무장 단체가 이웃 마을까지 왔어. 곧 우리 마을로 올 거야."

아빠는 지하실에 가져다 두었던 옷가지와 먹을 것이 든 짐을 챙겼어요. 엄마와 나는 샤를의 손을 꼭 잡고 황급히 지하실 계단을 올라갔어요.

집 밖으로 나오자, 폭탄 터지는 소리와 총소리가

가까이서 들렸어요. 이웃 마을은 온통 불길에 휩싸였고, 활활 타오르는 불길이 곧 우리 마을로 덮쳐 올 것만 같았어요.

"알렉상드르, 빨리 타."

보두앵 아저씨가 트럭 운전석에서 아빠에게 다급하게 손짓했어요. 보두앵 아저씨가 낡은 트럭을 구해 온 거예요. 아빠는 서둘러 엄마와 여동생과 나를 트럭 짐칸에 태웠어요. 작고 낡은 트럭의 짐칸은 스무 명이 간신히 앉을 정도로 비좁았지만, 마을 사람들이 서로 몸을 딱 붙이고 손을 맞잡고 있으니까 조금은 안심이 되었어요.

"에드몬드, 엄마와 샤를을 잘 돌봐야 한다."

"아빠, 우리는 어디로 가요?"

조수석으로 뛰어가는 아빠에게 물었어요.

"리비아로 갈 거야. 국경을 넘어 리비아 난민촌으로 가면 위험에서 벗어날 수 있어. 이 낡은 트럭이 버텨 주기만 하면 사흘 뒤에 리비아 국경에 도착할 거야."

그렇게 우리 가족과 마을 사람들은 어느 날 갑자기 난민이 되었어요.

내리쬐는 햇볕에 머리가 아파 오고, 등줄기에서는 땀이 줄줄 흘러내렸어요. 모래바람이 불어오자 모래 먼지 때문에 눈을 뜰 수도 없었어요. 어른들이 아이들을 가운데 놓고 빙 둘러서 걸으며 바람막이가 되어 주었어요.

"엄마, 목말라."

샤를이 모래 먼지 때문에 뿌예진 얼굴로 엄마를 쳐다보았어요.

"샤를, 천천히 조금씩 마셔. 앞으로 이틀은 더 가야 해."

사막의 낮이 뜨거운 햇볕 때문에 힘들다면, 밤은 매서운 추위 때문에 힘들어요. 밤이 되면 기온이 뚝 떨어지거든요. 게다가 한 치 앞도 보이지 않는 사막의 밤은 두려움 그 자체예요. 가끔씩 동물들의 울음소리가 들려왔지만, 다행히 우리 가까이로는 오지 않았어요.

우리는 가져온 담요를 여러 개 이어서 펼쳐 놓고, 그 위에 누워 웅크리고 잠을 잤어요. 남자 어른들은 나뭇가지를 주워 와 모닥불을 피우고 교대로 잠자는 사람들을 지켰어요.

다음 날도 햇볕이 따갑게 내리쬐었어요. 사막에서 하루를 보낸 사람들은 몹시 초췌해 보였어요. 얼마나 걸었을까요? 몸이 뜨거워지고 정신이 몽롱해졌어요. 그때 그림자 하나가 모래 위에 쓰러졌어요.

"어서 물과 먹을 것을 좀 가져오세요."

아기를 가진 쟌느 아줌마였어요. 쟌느 아줌마의 남편은 이웃 마을에 일하러 갔다가 돌아오지 못했어요. 무장 단체의 공격을 받았을 거라고 어른들이 말했어요.

"잠시만 쉬면 괜찮을 거예요. 미안해요. 나 때문에 늦어져서……."

쟌느 아줌마가 고개를 떨구었어요. 마을 사람들은 쟌느 아줌마가 쉴 수 있도록 그늘을 만들어 주었어요.

　사흘째 되는 날, 먹을 것이 완전히 떨어졌어요. 마을이 있으면 먹을 것을 구할 수 있겠지만, 온통 모래와 바람뿐인 사막에서는 불가능했어요. 아이들이 배고프다고 칭얼거릴 때마다 어른들은 이렇게 말했어요.

　"조금만 더 가면 먹을 것을 구할 수 있을 거야."

　"저기 보이는 저 언덕만 넘어가면 국경에 다다를 거야."

　우리들은 보이지 않는 언덕을 향해 앞으로 나아갔어요.

　"국경이다! 국경이 보인다!"

　앞서 가던 보두앵 아저씨가 소리쳤어요.

　작은 언덕을 넘어 반대편으로 내려오자 마을 사람들은 안도의 한숨을 내쉬었어요. 그리고 누가 먼저랄 것도 없이 모두들 주저앉아 눈물을 흘렸어요. 우리는 드디어 사막을 건너고 국경을 넘어 리비아 땅으로 온 거예요!

한참을 그렇게 앉아 있는데, 한 무리의 사람들이 우리 쪽으로 다가왔어요.

"우리는 니제르에서 왔어요. 지금 니제르에서는 무장 단체가 건물과 집을 파괴하고 사람들을 죽이고 있어요. 니제르에 돌아가면 우리는 죽고 말 거예요."

아빠가 벌떡 일어나 설명했어요. 리비아 사람들이 우리를 받아 주지 않을까 봐 긴장하는 것 같았어요.

"우리는 목숨을 걸고 사막을 건너왔어요."

보두앵 아저씨도 일어나 다급하게 말했어요.

트럭을 타고 이틀, 또 걸어서 사흘 걸려 사막을 건너왔는데, 난민촌에 갈 수 없다면 우리는 어디로 가야 할까요?

"우선 물과 빵을 좀 드세요. 얼굴을 보니 음식을 먹은 지 꽤 오래된 것 같은데……."

다행히 그 사람들은 우리를 반겨 주었어요. 그리고 우리를 난민촌으로 데려다주었어요.

난민촌에는 파란색과 낙타색 천막 150여 개가 늘어서 있었어요. 천막마다 사람들이 가득했지요.

전쟁을 피해 알제리에서 온 사람들, 종교 때문에 괴롭힘을 받고 나라를 떠나온 사람들, 오랜 가뭄으로 곡식이 자라지 않아 배고픔을 견디다 못해 국경을 넘은 사람들도 있었어요.

난민촌 사람들은 우리가 걸어서 사막을 건너왔다는 말을 듣고 깜짝 놀랐어요.

"얼마 전에 사막에서 많은 사람들이 숨진 채 발견되었어요. 구조된 사람도 몇몇 있지만, 오랫동안 못 먹고 탈진된 상태라 곧 죽고 말았지요."

"우리도 조금만 더 늦어졌어도 큰일 날 뻔했네요."

우리 마을 사람들은 그제야 후유 하고 가슴을 쓸어내렸어요. 아빠와 보두앵 아저씨와 마을 어른들 덕분에 우리가 무사히 사막을 건널 수 있었다는 걸 난 알아요.

난민촌에서 일하는 의사 선생님과 간호사 선생님이 사막을

건너오느라 발을 다친 사람들과 탈진한 사람들을 치료해 주었어요. 다행히 쟌느 아줌마와 배 속의 아기는 건강하대요. 쟌느 아줌마는 불룩하게 나온 배를 어루만지며 의사 선생님에게 고맙다고 말했어요.

우리 가족이 지낼 천막집도 생겼어요. 니제르에 있는 우리 집과는 비교도 안 될 정도로 작고 허름해요. 낮에는 뜨거운 태양이 내리쬐고 밤에는 차가운 바람이 술술 들어와요. 하지만 언제 폭탄이 떨어질지 몰라 두려워하거나 무장 단체가 집으로 쳐들어올까 봐 불안에 떨지 않아도 돼요.

나와 샤를은 난민촌에 있는 천막 학교에 다니고 있어요. 학교라고 해 봤자, 커다란 천막 안에 얇은 천을 깔아 놓은 게 전부예요. 자원봉사자 선생님들이 50여 명의 아이들을 가르쳐 주지요. 책과 공책과 연필은 세계 여러 나라에서 보내 준 거래요. 샤를과 나는 처음엔 어색했지만, 천막 학교 아이들과 곧 친구가 되었어요.

우리가 이곳에 온 지도 몇 달이 지났어요. 니제르에서는 여전히 무장 단체가 마을을 공격하고 사람들을 죽인다는 소식이 전해졌어요. 우리 마을도 폭격을 맞아 집과 건물이 불탔다고 해요. 그 소식을 듣고 마을 사람들 몇몇은 보트를 타고 유럽으로 갔어요.

"아빠, 우리는 언제쯤 집으로 돌아갈 수 있어요?"

아빠는 아무 대답도 하지 않고 사막을 바라보았어요. 사막에서 희뿌연 먼지바람이 불어왔어요.

◎ 난민 지위에 관한 협약 제33조

인종, 종교, 국적, 특정 사회 집단의 구성원 또는 정치적 의견을 이유로, 생명이나 자유가 위협받을 걱정이 있는 영역의 국경으로 추방하거나 돌려보내서는 안 된다.

1. 난민은 어떤 사람일까?

세계 곳곳에는 전쟁으로 다치거나 죽고, 환경 오염으로 살 곳을 잃고, 독재자에 맞서 싸우다가 고문을 당하거나 감옥에 갇히는 사람들이 많아. 이들은 자신이 태어나고 자란 나라를 떠나 다른 나라로 갈 수밖에 없어. 이와 같이 전쟁이나 환경 파괴, 가난, 종교적인 차별과 정치적

2013년 10월, 지중해를 건너 유럽으로 가다 표류한 난민들이 몰타 근처에서 구조되고 있어.

인 탄압 등으로 다른 나라로 가는 사람을 난민이라고 해.

  난민들은 가족의 안전과 생명을 지키기 위해 위험을 무릅쓰고 국경을 넘고 있어. 그 과정에서 돈을 받고 자신들을 다른 나라에 데려다주기로 한 사람에게 속아 돈을 몽땅 빼앗기거나 사막에 버려지기도 해. 정원이 20명인 작은 배에 100명이 넘는 사람들이 타고 오다가 바다 한가운데서 배가 뒤집혀 죽기도 했지.

  그런데 힘들게 국경을 넘어도 그 나라에서 받아 주지 않으면 다시 여러 나라를 떠돌아야 해. 아니면 그 나라에서 불법 난민으로 살아가야 하지. 난민으로 인정받는다고 해서 편안하게 살아갈 수 있는 건 아니야. 언어와 풍습, 생활 습관이 전혀 다른 나라로 가는 경우, 새로운 언어를 배우고 풍습을 익히는 데는 많은 시간이 걸리거든. 또 생활 습관이 달라서 오해가 생기고 다툼이 일어나는 경우도 있어.

2. "난민 지위에 관한 협약"이란?

  1951년 유엔에서 전쟁, 재난, 환경 파괴 때문에 생긴 난민을 보호하기 위해 만든 협약이야. 제1조에서 난민은 '전쟁이나, 테러, 빈곤, 홍수와 가뭄과 같은 자연 재해로 다른 나라로 떠난 사람'으로 정의했어.

  이 협약에는 난민이 신분증명서를 받을 권리, 공공 교육을 받을 권리, 병에 걸렸을 때 치료받을 권리, 이동의 자유, 재산 이전의 자유 등을 정해 놓았어. 난민의 권리와 의무는 인종이나 종교, 출신 국가 등에 차별 없이 적용해야 한다고 했어. 물론 난민의 권리만 정해 놓은 것은 아니야. 난민도 자신이 머무르는 나라의 법과 공공질서를 지켜야 한다고 되어 있어.

2016년 유엔 난민 기구는 전 세계 난민 수가 6,500만 명이 넘는다고 발표했어. 난민의 수가 점점 늘어나는 지금 '난민 지위에 관한 협약'은 세계 여러 나라에서 난민과 관련한 법률과 난민을 대우하는 규정을 만드는 뿌리가 되고 있지.

3. 난민 지위에 관한 협약은 잘 지켜지고 있을까?

난민 지위에 관한 협약의 가장 중요한 조항 가운데 하나가 제33조 '강제 송환 금지 원칙'이야. 자신의 나라로 돌아가면 죽임을 당하거나 박해를 받을 위험이 있기 때문에 추방하거나 돌려보내서는 안 된다는 내용이지. 그럼에도 불구하고 난민으로 받아들이지 않는 나라도 있어. 만약 난민을 받을 경우, 자신의 나라에 정치적·경제적으로 보복을 할까 봐 두려워하기 때문이지.

독일은 난민을 많이 받아들이는 나라로 꼽혀. 독일 정부에서는 난민들을 적극적으로 받아들여 교육도 받게 하고 치료도 해 주었어. 민간단체에서도 난민들에게 먹을 것과 입을 옷, 일자리 등을 마련해 주었지. 하지만 시간이 흐르면서 독일 국민들 사이에 불만의 소리가 나오기 시작했고, 더 이상 난민을 받아들이지 말라고 정부에 요구하고 있어. 난

2012년 독일 베를린에서 열린 난민 환영 시위대의 모습이야.
하지만 최근에는 난민을 반대하는 시위도 늘어나고 있어.

민 때문에 범죄가 생긴다고 보거나 난민들의 값싼 노동력 때문에 일자리를 잃는다고 주장하는 사람도 생겨났어.

한편 이탈리아, 스페인, 그리스 등에 난민이 몰려들면서 나라의 경제 상황이 점점 나빠지고 있다고 해. 난민이 정착하도록 지원해 주는 데 비용이 들기 때문이지. 유럽 연합에서는 난민을 구조하는 일은 당연한 것이니 경제적인 부담을 똑같이 나누자고 제안했어.

유럽 연합(EU) 유럽 대륙에 있는 나라들이 정치적·경제적으로 서로 돕기 위해 만든 단체야. 1993년에 만들어졌고, 2019년 현재 28개국이 가입했어. 유럽 연합은 단일 화폐인 유로(EURO)를 사용해. 정치, 경제, 사법 등에서 공동으로 정책을 만들고, 공동 의회와 공동 재판소도 운영하고 있어.

4. 우리나라에도 난민이 있을까?

우리나라는 1992년에 '난민 지위에 관한 협약'에 가입했고, 2001년에 처음 난민을 받아들였어. 2012년 아시아에서 최초로 '난민법'을 만들었고, 2013년에 시행했어.

정치적 탄압을 피해 우리나라에 온 아프리카 콩고 난민은 낮은 임금을 받으며 일했는데, 피부색이 검다고 놀림을 받기도 했대. 또 미얀마에서 온 난민 어린이는 이슬람교를 믿어 돼지고기를 먹지 않는데, 학교에서 돼지고기 반찬을 남기지 말라고 하는 바람에 어려움을 겪었고, 서아프리카에서 온 난민은 종교 때문에 차별을 받기도 했대.

우리나라에서 난민으로 인정받으려면, 자신이 난민이라는 것을 입증할 수 있는 자료나 진술서, 사진과 신체검사서를 제출해야 해. 면담을 해서 난민 신청이 받아들여지면 난민으로 인정되지만, 몇 번의 재심사를 거쳐 난민으로 인정되지 않으면 우리나라를 떠나야 해.

2016년 4월까지 우리나라에 난민 신청을 한 사람은 17,523명인데, 난민으로 인정받은 사람은 592명에 불과해. 우리나라의 난민 인정 비율은 3.37퍼센트인데, 이 수치는 전 세계 평균 27퍼센트에 훨씬 못 미치는 수준이지.

판타날을 불태우지 마세요!
람사르 협약

★ 초등 교과 연계
사회 6-2 1. 세계의 여러 나라들
사회 6-2 2. 통일 한국의 미래와 지구촌의 평화

　포유류 95여 종, 조류 650여 종, 어류 400여 종과 수많은 식물이 사는 곳. 면적은 240,000제곱킬로미터. 브라질, 볼리비아, 파라과이에 걸쳐 있는 세계 최대의 습지. 람사르 습지에 등록되어 있고, 2000년 유네스코 자연유산으로 지정된 곳.

　브라질의 판타날 습지에 대한 설명이에요.
　나는 브라질의 캄푸 그란지에 살아요. 판타날로 가기 위해서는 이곳 캄푸 그란지를 거쳐야 해요. 사람들은 캄푸 그란지에서 차에 물과 먹을 것을 싣고 판타날로 가지요.

판타날에는 온통 늪과 동물과 식물뿐이고 마을은 없어요. 넓은 농장이 있을 뿐이지요. 그런데 지금 판타날이 위험에 처해 있어요!

하루는 차를 타고 판타날에 있는 할아버지의 농장에 가다가 물가에 쓰러져 있는 재규어 한 마리를 보았어요.

"할아버지, 재규어가 다쳤나 봐요."

"여기 가만히 있어라. 다친 재규어가 더 위험한 법이야."

할아버지는 조심조심 다가가 재규어를 살펴보았어요.

"다친 게 아니라 총에 맞아 죽었구나. 재규어 때문에 가축을 잃은 농장 주인들 짓인 것 같다."

나라에서는 재규어에게 가축을 잃은 농장 주인들한테 피해 보상을 해 주었대요. 그런데도 농장 주인들은 몰래 재규어를 사냥했고, 그래서 재규어 수가 점점 줄어들고 있다고 해요.

"이제 곧 8월이 되면 농장 주인들이 자기 땅에 있는 수풀을 불태울 텐데……. 판타날이 뿌연 연기에 휩싸이면 식물은 물론

이고 동물들도 살 곳을 잃어버리고 말 거야."

할아버지는 걱정스러운 눈빛으로 넓디넓은 판타날을 바라보았어요.

"이렇게 수풀이 우거진 땅을 불태운다고요? 왜요?"

"농장에서 키우는 가축들에게 부드러운 풀을 먹이기 위해서지. 오래된 풀이 불타고 나면, 그곳에 부드러운 풀이 새로 돋아나거든."

판타날은 오래전부터 환경 파괴로 위협받고 있었어요. 농장 주인들이 수풀을 태워 농장이나 농경지로 만들고, 나무를 함부로 베어 도로를 만들었어요. 환경 전문가들은 이대로 계속되면 판타날의 습지가 사라지고 완전히 다른 땅이 될 거라고 경고했대요.

"욕심만 부릴 게 아니라 습지를 보전하면서 현명하게 이용할 방법을 찾아야 하는데……."

할아버지는 판타날이 람사르 습지 목록에 포함되어 있고, 유네스코 자연유산으로 지정되어 있다고 말해 주었어요. 할아버지 목소리에는 판타날이 훼손되는 상황을 안타까워하는 마음이 묻어났어요.

"할아버지, 습지를 보전하는 것은 알겠는데, 현명하게 이용하는 건 어떻게 하는 거예요?"

나는 궁금한 것을 할아버지에게 물었어요.

"현명하게 이용한다는 건, 지금 세대에 필요한 것을 충족시키면서 다음 세대에 필요한 것을 희생시키지 않는 걸 말한단다. 그러니까 지금 우리가 쓰는 물과 공기, 땅, 숲 등을 필요한 만큼만 깨끗하게 쓰고 다음 세대에 물려줘야 한다는 거지."

"판타날을 불태우는 건 현명하게 이용하는 게 아니지요?"

"물론이지. 습지를 불태워 농경지를 만들고 나무를 베어 도로를 만들면 당장은 이익을 볼 수 있겠지. 하지만 습지를 불태우다 보면 강도 오염되고 환경도 바뀌고 기후도 바뀔 거야. 이건 인간과 자연 모두에게 이익이 되지 않는단다."

그날 이후, 총을 맞고 물가에 쓰러져 있던 재규어와 불타는 판타날이 자꾸만 떠올랐어요. 나는 판타날을 살리기 위해 무언가를 해야겠다고 마음먹었어요. 그래서 평소 환경에 관심이 많은 루이자와 디에고와 함께 판타날에서 벌어지는 일을 조사했어요.

판타날에서 일어나는 환경 파괴는 우리가 생각했던 것보다 훨씬 더 심각했어요. 광산을 불법으로 개발해서 물이 오염되고, 댐 때문에 물의 흐름이 바뀌고, 강 하류 쪽에는 물고기가 줄어들고 수질도 나빠졌어요.

농장 주인들이 수풀을 불태운 어떤 곳은 땅이 많이 깎이는 침식 작용이 일어나고, 어떤 곳은 물질이 쌓이는 퇴적 작용이 일어났어요.

"일주일 뒤에 캄푸 그란지에서 판타날 농장 주인들이 모여 회의를 할 거래. 판타날 수풀을 한꺼번에 불태우면 연기도 많이 날 거고 나라에서도 태우지 말라고 할 테니까 대책을 마련하려나 봐."

디에고가 아빠한테 들은 이야기를 해 주었어요. 디에고의 아빠도 판타날에 넓은 농장이 있거든요.

"드디어 우리가 나설 때가 되었어!"

"파블로, 이건 판타날을 조사하는 것과 달라. 어른들이 하는 일이라고."

디에고가 어깨를 축 늘어뜨렸어요.

"판타날을 불태우면 동물들과 식물들도 죽어 갈 거야. 지금 어른들이 이 땅을 망가뜨리면 우리가 살 땅은 없어질 거라고. 이건 우리의 일이기도 해."

"파블로 말이 맞아. 우리 생각을 어른들한테 알려야 해."

루이자도 내 말에 힘을 실어 주었어요. 우리는 모아 둔 용돈으로 두꺼운 종이를 사서 피켓을 만들었어요.

"어른들은 우리 말을 듣지 않잖아. 공부나 하라면서."

디에고는 자신 없는 표정으로 피켓에 '세계 최대의 습지, 판타날을 보호해 주세요!'라고 썼어요.

이른 아침부터 회의장 앞에 사람들이 몰려들었어요. 농장 주인들뿐만 아니라 환경 단체에서 나온 사람들과 방송국에서 나온 사람들도 있었어요. 우리는 어른들 틈에 끼여서 우리의 생각을 적은 종이와 피켓을 높이 들었어요.

"판타날을 보호해 주세요!"

"판타날을 불태우지 마세요!"

나와 루이자, 디에고는 입을 모아 소리쳤어요.

어떤 농장 주인이 회의장으로 들어가려다가 환경 단체 사람과 입씨름을 벌였어요.

"여긴 내 땅이오. 내 재산이라구요. 내 땅을 내 마음대로 하겠다는데, 당신이 무슨 상관이오!"

"지금 판타날을 불태우면, 50년 뒤엔 습지가 사라지고 말 거예요. 습지가 사라지면 그곳에 살고 있는 동물은 어디로 가야

하나요? 식물은요? 습지가 사라지면 홍수와 가뭄으로 인간도 피해를 입게 될 거예요."

"여기서 소란스럽게 하면 경찰을 부를 거요."

농장 주인은 으름장을 놓고 서둘러 회의장으로 들어갔어요.

"한번 망가진 땅은 되돌릴 수 없어요! 판타날을 불태우지 마세요!"

나는 농장 주인의 등 뒤에 대고 큰 소리로 외쳤어요.

그때, 방송국에서 나온 사람들이 우리에게 다가왔어요.

"초등학생 같은데, 왜 이곳에 나왔나요?"

마이크를 든 기자가 물었어요.

"판타날을 불태우지 말라는 우리의 생각을 알리기 위해서 나왔어요."

나는 우리가 만든 종이를 건네주었어요. 기자는 종이를 꼼꼼하게 읽은 다음, 함께 온 일행과 이야기를 나누더니 우리에게 다가왔어요.

"학생들을 취재하고 싶은데 인터뷰를 해 줄 수 있나요?"

"……."

"판타날을 불태우는 게 어른들의 일이 아니라 어린이들의 일이라고 한 주장을 알리고 싶어서 그래요."

어쩌면 이보다 좋은 기회는 없을 거라고 생각했어요. 그래서 인터뷰를 하기로 결정했지요.

"여러분은 왜 이곳에 나왔나요?"

"저는 지금 열한 살이에요. 제가 어른이 되어 아이를 낳고 제 아이가 열한 살이 될 때까지 판타날이 오염되지 않고 그대로 남아 있으면 좋겠어요. 우리 아빠와 판타날의 강에서 낚시한 것처럼, 저도 제 아이들과 낚시를 하고 싶어요. 하지만 지금 판타날을 불태우고 함부로 나무를 베어 버리면, 강에는 물고기가 한 마리도 남아 있지 않을 거예요."

디에고가 먼저 말했어요.

"저는 캄푸 그란지에 사는 게 자랑스러웠어요. 유네스코 자연유산으로 지정된 판타날도 자랑스러웠고요. 하지만 지금은 아니에요. 어른들이 판타날을 망가뜨리고 있기 때문이에요."

루이자도 또박또박 말했어요.

"습지는 홍수 피해를 줄여 주고, 오염 물질을 깨끗하게 해 준대요. 또 동물들과 식물들이 습지에 있는 영양분을 먹고 살아가고요. 이런 판타날을 불태운다면 환경이 파괴되어 동물과 식물, 그리고 인간도 살아가기 힘들 거예요.

　　망치기는 쉬워도 되돌리는 건 불가능해요. 불타 버린 수풀을 되살릴 수 있나요? 오염된 강물을 깨끗하게 만들 수 있나요? 죽은 재규어와 물고기, 새들을 살릴 수 있나요? 방법이 있다면 가르쳐 주세요."

　　나는 카메라를 쳐다보며 진심을 다해 말했어요.

　　우리가 한 인터뷰는 지역 방송에서 방송되었어요. 사람들은 우리가 한 말을 귀담아 들었고, 판타날에 관심을 갖기 시작했어요.

가장 기뻤던 소식은 농장 주인들이 올해는 판타날 수풀을 불태우지 않기로 한 거였어요. 방송과 사람들의 관심이 부담스러웠던 것 같아요. 하지만 또 언제 판타날을 불태우고, 재규어를 사냥할지 몰라요. 그래서 우리들은 계속해서 판타날을 감시하고 보호하는 데 앞장서기로 했어요.

우리는 주말마다 판타날의 상황을 알리고 판타날을 보호해 달라는 내용을 담은 종이를 사람들에게 나눠 주고 있어요.

오늘도 우리는 큰 소리로 이렇게 외쳤어요.

"세계 최대의 습지, 판타날을 보호해 주세요!"

◎ **람사르 협약 제3조**
람사르 습지 목록에 포함된 습지를 보전하고 습지를 현명하게 이용해야 한다.

1. 습지가 왜 중요할까?

습지는 갯벌과 강, 호수, 저수지, 늪 등 오랜 시간 동안 물이 고이고 흐르는 과정이 계속되어 생태계가 만들어진 곳이야. 사람들은 습지를 물고기나 조개류 같은 먹을 것을 얻고, 농사에 필요한 물을 얻는 곳이라고 생각했어. 한편으로는 습지를 쓸모없고 지저분한 곳으로 생각했

판타날 습지의 모습이야. 브라질과 볼리비아, 파라과이에 걸쳐 있는 세계 최대의 습지로, 다양한 동식물들이 살고 있어.

어. 그도 그럴 것이, 늘 물이 고여 있는 늪과 저수지에서는 간혹 나쁜 냄새가 나기도 했거든. 또 모래와 검은흙이 덮여 있는 갯벌은 밀물과 썰물이 들락날락 하는 곳이라고만 생각했지. 그래서 습지를 돌이나 흙으로 메워 논밭을 만들거나 집을 지었어.

그런데 시간이 흐르면서 습지에 대한 생각이 바뀌기 시작했어. 습지는 여러 동식물들의 서식지일 뿐만 아니라, 많은 비가 쏟아지면 습지의 식물이 물의 흐름을 느리게 하여 홍수 피해를 줄여 주는 역할도 하거든. 또 주변의 기온이 높거나 낮으면 습지에서 열을 빨아들이거나 내뿜어 온도와 습도를 유지시켜 기후 조절 역할도 하지.

습지에 있는 물과 흙이 오염 물질을 걸러 준다고 해서 '자연의 콩팥'이라는 이름도 붙여졌어. 습지에는 지구에 있는 탄소의 40퍼센트가 저장되어 있대. 그래서 습지가 사라지면 이산화탄소가 공기 중에 배출되어 지구 온난화가 더 심각해질 거래.

2. "람사르 협약"이란?

습지의 중요성을 깨닫게 되면서 세계 곳곳에서 습지를 보존하려는 노력을 하고 있어. 습지를 보호하는 가장 좋은 방법은 습지를 있는 그대로 두는 거야. 그래서 1971년 이란의 람사르에서 전 세계의 습지를 보호하고, 습지의 상태가 지속될 수 있도록 이용하자는 약속을 맺었어. 이것이 바로 람사르 협약이야. 람사르 협약의 정식 명칭은 '물새 서식지로서 특히 국제적으로 중요한 습지에 관한 협약'이야. 람사르 협약에 가입하면 습지의 역할을 사람들에게 알리고, 습지를 보호해야 하는 필요성을 일깨울 수 있어.

람사르 협회에서는 희귀하거나 특이한 형태를 띤 습지, 멸종 위기에 처한 동식물이 살고 있는 습지, 2만 마리 이상의 물새가 정기적으로 서식하는 습지를 '람사르 습지'로 선정해. 람사르 습지로 선정되면 다음 세대까지 습지를 보존할 수 있도록 노력하고, 습지에 살고 있는 동식물 연구는 물론, 물새의 개체 수를 늘리기 위해 힘써야 해.

3. 환경을 위한 여러 약속들

리우 선언 1992년 브라질의 리우데자네이루에서 세계 178개국 대표들이 모여 자연과 인간, 환경 보전과 개발의 공존을 목표로 한 기본 원칙을 담은 선언서야.

교토 의정서 1997년 일본 교토에서 지구 온난화를 방지하기 위해 맺은 기후 변화 조약이야. 온실가스 줄이기와 배출권 거래 제도를 도입하는 등의 실천 방법이 담겨 있어.

파리 기후 변화 협약 2015년 프랑스 파리에서 온실가스를 줄이기 위해 맺은 협약이야. 온실가스를 줄여 기온 상승폭을 2℃보다 훨씬 낮게 유지하기로 했어. 2017년에 미국은 탈퇴했어.

4. 람사르 협약은 잘 지켜지고 있을까?

세계 여러 나라에서는 습지가 있는 강에 댐이나 보를 만들어 자연스럽게 흐르는 강을 막고 있어. 그 결과 수질이 나빠져 습지에 사는 동식물들이 죽고 생태계가 바뀌고 있어. 람사르 습지로 선정된 곳을 개발하여 관광 산업을 벌이는 나라도 있어. 정말 중요하고 보존해야 할 습지라도 자기 나라의 이익을 위해서는 람사르 협약에 등록하지 않기도 해.

2008년, 경남 창원에서 제10차 람사르 협약 당사국 총회가 열렸어. 이때 우리나라에서는 '4대강 개발'을 추진하고 있었는데, 국내외 환경 단체와 환경운동가들이 람사르 협약을 어기는 것이라고 비판했어. 강물의 흐름을 막는 보를 만들면 동식물들은 죽어 갈 것이고, 강바닥의 모래

이집트 아스완댐을 찍은 항공사진이야.
아스완댐은 1970년에 완공된 세계에서 가장 큰 흙 제방 댐 중 하나야. 나일강의 범람을 막는 효과는 있었지만 문화적, 환경적으로 여러 가지 문제가 발생했고, 농업, 광업, 어업이 큰 타격을 받았어.

가 쓸려 내려가 습지의 기능도 사라질 거라고 주장했지. 하지만 4대강 개발은 멈추지 않고 계속되었어. 그 결과 강의 생태계가 무너져 물이 오염되고, 동식물의 서식지가 파괴되고, 홍수와 가뭄도 계속되고 있어.

미래 세대에게 깨끗한 환경을 물려주기 위해서는 스스로 환경을 보호하려는 노력이 필요해.

5. 우리나라의 람사르 습지

우리나라는 1997년에 람사르 협약에 가입했으며, 대암산 용늪, 인천 강화 매화 마름 군락지, 창녕 우포늪, 순천만·보성 갯벌, 제주 물영아리 오름 습지, 전남 무안 갯벌 습지, 오대산 국립공원, 전북 고창 운곡

순천만 습지의 모습이야. 순천시는 우리나라에서 첫 람사르 습지 도시로 지정되었어.

습지 등 총 22곳이 람사르 습지로 지정되었어.

　특히 창녕 우포늪은 생태계의 보물 창고라고 불려. 우리나라에서 가장 오래되고 가장 넓은 내륙 습지로, 우포늪에는 가시연꽃, 마름, 창포, 물억새 등 500여 종의 식물과 천연기념물인 느랑부리저어새, 큰고니 등의 조류가 살고 있어. 봄에는 버들가지와 자운영, 여름에는 가시연꽃과 선버들, 가을에는 물억새, 겨울에는 철새를 볼 수 있어. 한강의 밤섬은 5,000여 마리의 철새가 찾아오는 도심의 습지야. 가창오리, 원앙, 황조롱이 같은 멸종 위기 종과 천연기념물이 많이 살고 있어.

창녕 우포늪의 모습이야. 우리나라에서 가장 오래되고, 가장 넓은 습지야.

지하철 파업을 지지합니다
국제 노동 기구 협약

★ 초등 교과 연계

사회 4-2   2. 필요한 것의 생산과 교환
사회 5-1   2. 인권 존중과 정의로운 사회
사회 6-1   2. 우리나라의 정치 발전
사회 6-1   3. 우리나라의 경제 발전

나는 그림을 좋아해요. 학교가 일찍 끝난 오늘, 가장 친한 친구인 미셸과 함께 오르세 미술관에 가서 전시된 그림을 보고 그림도 그리기로 했어요.

"이네스! 여기야, 여기. 빨리 와!"

저 멀리 지하철역 입구에서 미셸이 나를 부르는 소리가 들렸어요. 하지만 미셸의 모습은 보이지 않았어요. 횡단보도를 건너 지하철역 입구로 가려는데, 피켓과 플래카드를 든 한 무리의 사람들이 줄지어 가고 있었어요.

"일자리를 보장하라! 쉬는 시간을 보장하라!"

"지하철 노동자에게 쉴 수 있는 권리를!"

지하철역으로 들어가려던 사람, 유모차를 끌고 가던 사람, 강아지와 산책하던 사람들이 박수를 치며 한마디씩 응원했어요.

"지하철 노동자의 파업을 지지합니다!"

"힘내세요!"

나도 어른들 사이를 비집고 들어가 응원의 박수를 보냈어요.

경찰들은 차가 다른 길로 가도록 교통정리를 하고, 인도에 있는 사람들이 차도로 내려오지 못하도록 막고 있었어요.

"뭐 해? 지하철 파업한다고 일찍 나오라고 했는데……."

언제 왔는지 미셸이 나를 툭 쳤어요.

"미안. 마리가 같이 가겠다고 떼써서 떼어 놓고 오느라고."

미셸에게 대답을 하면서도 내 눈은 도로를 줄지어 가는 사람들을 좇고 있었어요. 그 모습을 보더니 미셸이 무언가 생각난 듯 말했어요.

"우리 아빠가 공무원이잖아. 지난번에 파업할 때, 양복 입고 시내에 나가 행진을 했어. 공무원 파업으로 불편할 텐데도 파리 시민들이 응원해 주었대. 그래서 아빠는 힘이 났대."

미셸이 쉬지 않고 말을 쏟아 냈어요.

"너도 아빠한테 힘을 주려는 거구나?"

미셸이 내 손을 꼭 잡으며 말했어요.

"응? 응!"

나는 어색한 미소를 지었어요.

"사람이 너무 많아. 지하철을 탈 수 있을까?"

지하철을 타러 계단을 내려가면서 미셸이 걱정스러운 표정으로 말했어요.

이윽고 덜컹덜컹 소리를 내며 지하철이 플랫폼으로 들어왔어요. 이미 지하철 안은 발 디딜 틈이 없었어요. 문이 열리자 안에서 사람들이 쏟아져 나왔고, 타려는 사람들이 지하철 안으로 밀려들어 갔어요.

"이 지하철을 놓치면 안 돼! 다음 지하철은 더 붐빌 거야."

미셸과 나는 어른들 틈에 끼여 앞으로 한 발자국도 나가지 못하고 오히려 뒤로 밀려났어요.

"자, 차례차례 탑시다!"

누군가가 크게 소리쳤어요. 그제야 사람들은 밀치기를 멈추고 한 사람씩 지하철 안으로 들어갔어요. 하지만 몇 명 타지도 않았는데 문이 닫히고 지하철이 떠나 버렸어요.

"아니, 지하철 노동자들은 왜 파업을 하고 그래. 이렇게 시민들이 불편한데."

지하철을 타지 못한 사람이 크게 투덜거렸어요.

"노동자의 권리를 찾는 일이니, 조금 불편해도 참읍시다. 일하는 사람들이 대접받고 인간답게 사는 나라를 만들어야 하지 않겠소."

한 할아버지가 조곤조곤 말하자 사람들이 고개를 끄덕였어

요. 그러자 투덜거리던 사람은 할아버지를 흘겨보고는 다른 곳으로 가 버렸어요.

우리 아빠는 지하철 노동자예요. 고장 난 지하철을 고치는 일을 하지요. 한 번은 저녁에 나가서 다음 날 아침에 퇴근하고,

또 한 번은 새벽에 나가서 오후에 퇴근해요. 그래서 아빠 얼굴 보기가 힘들어요. 나와 마리가 불평을 하면 아빠는 이렇게 말하곤 했어요.

"지하철을 미리미리 점검하고, 고장 나면 빨리 수리해야 한단다. 그래야 시민들이 안전하게 지하철을 이용할 수 있지."

그런데 사람들이 그런 아빠를 비난하는 것 같아 기분이 좋지 않았어요.

이틀 전, 텔레비전에서 지하철 노동자가 파업한다는 뉴스가 흘러나왔어요. 그때 아빠에게 조심스럽게 물었어요.

"아빠, 파업은 왜 하는 거예요?"

"일하는 시간을 늘리고 임금을 올리지 않는 정책을 통과시키려고 하거든. 또 노동자를 쉽게 해고하지 못하게 하는 여러 조건이 있는데, 그걸 간단하게 만드는 정책도 통과시키려고 한단다. 그러면 노동자들을 쉽게 해고할 수 있게 되지. 그래서 파업으로 우리의 생각을 알리고 노동자들의 권리를 지키려고 하는 거란다."

"만약에, 만약에 말이에요. 파업을 못 하게 하거나 파업한다고 불이익을 주면 어떻게 해요?"

"함부로 노동자를 그만두게 할 수는 없단다. 파업을 한 사람에게 불이익을 주면 안 되는 법이 있거든. 또 파업을 한다고 해서 일을 전혀 안 하는 게 아니야. 기관사는 운전 후 충분히 쉬는 시간을 갖고, 정비사는 객차를 꼼꼼하게 점검하는 등 법을 지키면서 지하철을 운행할 수 있도록 한단다."

아빠의 말에 안심이 되면서도 한편으로는 불편해할 사람들이 걱정되었어요.

"지하철을 타는 사람들이 불편할 거예요. 안 그래도 지하철은 항상 붐비는데……."

"예전에는 아무런 예고도 없이 파업을 하는 바람에 사람들이 혼란을 겪었지. 그런데 요즘은 미리 지하철 파업을 한다고 알려 준다. 파업 기간에는 지하철이 평소의 3분의 1만 운행한다고 뉴스에도 나오니까 사람들이 지하철 대신 버스나 다른 교통수단을 이용하기도 하지. 그래도 시민들이 불편을 겪게 되니까 미안한 마음은 있단다."

"지하철 노동자들 중에 파업에 반대하는 사람은 없나요?"

"모두가 같은 생각을 할 수는 없지. 정부 정책에 반대는 해도 파업을 원하지 않는 노동자도 있어. 그런 사람들은 자신의 생각대로 파업하지 않을 권리가 있단다. 우리는 그 사람들에게 파업에 동참하라고 강요하지 않아."

"택시를 타고 공항까지 가려면 돈이 엄청 많이 들 텐데."

한쪽에서 커다란 배낭을 멘 사람들이 발을 동동 구르고 있었어요. 커다란 배낭 때문에 지하철 타기가 쉽지 않은 것 같았어요.

"벌써 지하철을 여러 대 보냈잖아. 어떻게 할까?"

그 사람들은 뉴질랜드에서 파리로 배낭여행을 왔는데, 파리 시내에서 길을 잃고 헤맸대요. 게다가 지하철 세 대를 그냥 보냈다고 했어요. 잘못하다간 비행기를 놓치고 말 거라고, 표를 버리고 다시 사야 할지 모른다고 걱정을 했지요.

"난 바삐 가야 할 사람이 아니니, 어서 이리 와요. 자리를 내줄 테니. 여기, 이 여행객들에게 자리를 좀 내줘도 될까요?"

한 사람이 주변에 있는 사람들에게 양해를 구했어요.

"지하철 파업 때문에 여행객에게 불편을 줄 수야 없지."

"파리 여행에 좋은 기억만 남겨 줘야지."

지하철이 플랫폼으로 들어오자, 사람들이 조금씩 자리를 비켜 주고 커다란 배낭을 지하철 안으로 밀어 줘서 겨우겨우 탈 수 있었어요.

두 사람은 문이 닫히기 전에 우리를 향해 손을 흔들며 입을 벙긋거렸어요. 아마도 고맙다고 말하는 것 같았어요. 플랫폼에 서 있던 사람들도 손을 흔들어 주었어요.

그날 저녁, 아빠가 밤늦게 집에 돌아왔어요.

"아빠, 파업은 어떻게 됐어요?"

"여태 안 자고 아빠 기다렸니? 이네스가 아빠를 많이 걱정한 모양이구나!"

아빠가 내 머리를 쓰다듬어 주고는 말을 이었어요.

"우리는 파리 시내 곳곳에서 우리의 주장이 담긴 종이를 시

민들에게 나눠 주고 알리기로 했단다. 아빠 팀은 개선문 앞에서 플래카드와 피켓을 들고 있었어."

"지하철역 근처에서도 사람들이 피켓과 종이를 들고 행진하고 있었어요. 미셸이랑 오르세 미술관에 가다가 봤어요."

아빠는 내가 걱정할까 봐 살짝 미소를 지어 보였지만, 왠지 피곤하고 지쳐 보였어요.

나는 지하철역에서 있었던 일을 이야기했어요. 지하철 노동자 파업을 지지하는 사람들의 이야기랑 배낭여행객을 도와준 이야기, 행진하는 지하철 노동자들을 응원한 이야기까지 모두 말이지요. 아빠에게 힘을 주고 싶었거든요.

"아참, 오르세 미술관에서 내가 좋아하는 고흐의 그림을 봤어요. 화가의 방은 정말 멋졌어요. 파란색 벽도 마음에 들고 방이 마치 꿈틀꿈틀 움직이는 것 같았어요. 내가 화가가 되면 방을 어떻게 꾸밀까 그려 봤어요. 아빠도 볼래요?"

◎ 국제 노동 기구 협약 제105호
강제 근로 폐지 협약 제1조
국제 노동 기구 회원국은 정치·사회·경제 제도에 반대하는 견해를 가지거나 표현하는 것에 대한 제재, 파업 참가에 대한 제재, 경제 발전을 위해 노동을 동원하고 이용하는 수단 등의 강제 근로를 금지하고, 이를 이용하지 아니할 것을 약속한다.

"그래, 우리 이네스가 어떤 방을 꿈꾸는지 한번 볼까?"

그런데 내가 그린 그림을 가지고 거실로 돌아왔을 때 아빠는 소파에서 잠들어 버렸어요. 드르렁드르렁 코까지 고는 아빠의 모습에서 오늘 하루가 얼마나 힘들었는지 알 수 있었어요.

1. 노동과 노동자의 의미

노동은 몸을 움직여 일하는 것을 말해. 경제에서 노동은 생활에 필요한 것을 얻기 위해 육체적·정신적으로 노력하는 행동을 가리키지. 노동자는 공장이나 토지, 자원, 삼림, 교통·통신 등 생산 수단을 가진 사람에게 고용되어 일해. 노동자는 회사와 일정한 계약을 해서 노동을 하고 그 대가로 임금을 받아. 반대로 생산 수단을 가지고 있으면서 노동

기계를 부수는 19세기 영국 노동자를 그린 그림이야. 노동자들은 산업 혁명 이후 열악해진 노동 환경을 개선하기 위해 기계를 부수고 파업을 하며 사용자들에게 자신들의 권리를 주장했어.

자에게 임금을 주는 사람을 사용자라고 해. 노동자와 사용자는 평등한 관계에서 서로 도우며 일할 수 있도록 노력해야 하지.

  18세기에 시작된 산업 혁명으로 노동 분야에도 큰 변화가 일어났어. 과학 기술이 발달하여 사람이 하던 일을 기계가 대신함으로써 노동자들은 일자리를 잃게 되었지. 사용자는 일하는 장소, 휴식 시간, 임금 등 노동 조건이나 노동자의 복지보다는 적은 돈을 들여 생산성을 높이는 데만 관심을 기울였어. 그 결과 노동 조건은 갈수록 나빠졌지. 시간이 흐르면서 열악한 노동 조건을 고치고, 노동자의 권리를 찾아야 한다는 목소리가 생겨나기 시작했어.

2. "국제 노동 기구 협약"이란?

  국제 노동 기구는 노동 문제에 관련된 일을 처리하는 국제기구야. 제1차 세계 대전이 끝나고 1919년 파리에서 베르사유 조약이 체결되었는

결사의 자유	결사의 자유 및 단결권 보호에 관한 협약, 단결권 및 단체 교섭권에 대한 원칙의 적용에 관한 협약
강제 노동	강제 노동에 관한 협약, 강제 노동 폐지에 관한 협약
차별 금지	동일 가치 노동에 대한 남녀 노동자의 동일 보수에 관한 협약, 고용 및 직업상의 차별 금지에 관한 협약
아동 노동	취업 최저 연령에 관한 협약, 가혹한 형태의 아동 노동 철폐에 관한 협약

2018년 5월 스위스 제네바에서 개최된 107차 국제 노동 기구 총회에서 노동자들과 위원장들이 회의를 하고 있어.

데, 이 조약을 근거로 국제 노동 기구가 설립되었어. 노동 조건을 개선하고 사회 정의를 세우고 나아가 세계 평화에 도움을 주기 위해서였지. 우리나라는 1991년에 국제 노동 기구 회원국이 되었어.

국제 노동 기구 협약은 국제 노동 기구에서 채택한 협약으로, 각 나라의 노동 조건이나 노사 관계 등에 관한 국제적 기준이 돼. 이 협약은 국제 노동 기구 회원국이 비준하면 실제로 이행해야 할 의무가 생기고, 권고는 이행할 의무가 없어. 비준을 하면 국내법과 같은 효력을 갖게 되기 때문에 여러 나라에서 가능한 한 비준하지 않는 조항도 많아.

권고 법률의 제정 등 어떤 일에 관하여 상대방이 조치를 취할 것을 권유하는 일이야.

3. 우리나라의 근로 기준법과 전태일

근로 기준법은 노동자들의 기본적인 생활을 보장하기 위해 근로 조건을 정해 놓은 법률이야. 우리나라는 1950년대에 처음으로 현대적인 근로 기준법이 만들어졌고, 경제 사정과 노동 환경 변화에 따라 그 내용이 조금씩 바뀌었어. 근로 기준법에는 근로 시간과 휴게 시간, 휴업 수당, 연차·월차에 관한 규정, 건강 검진에 관한 규정 등이 정해져 있어.

1970년대 우리나라는 급속도로 산업이 발전했어. 나라 곳곳에 다리와 도로를 건설하고 공장을 지었지. '산업화'와 '국민 소득 높이기'라는 목표 아래 노동자들의 인권과 노동 조건은 무시되었어. 노동자들은 열악한 환경에서 낮은 임금을 받으며 하루 15시간 이상씩 일했어.

청년 노동자 전태일은 청계천 봉제 공장에서 일했어. 전태일과 노동자들은 허리를 제대로 펼 수조차 없는 좁은 공간에서 천에서 나오는 먼

서울특별시 중구 을지로6가 전태일다리에 설치된 전태일의 흉상이야.

지를 마시며 일했어. 화장실도 부족하고 점심시간과 쉬는 시간도 제대로 지켜지지 않았어. 함께 일하는 노동자들은 위장병과 소화 불량, 눈병, 폐병 등에 시달렸어.

전태일은 근로 기준법이 있는데도 사용자들이 제대로 지키지 않는다는 사실을 알게 되었어. 그래서 청계천 노동자들의 노동 실태를 조사하여 노동청에 고발하고, 정부와 언론에 적극 알렸어. 하지만 노동조합을 만드는 것도, 노동 조건을 개선하기 위한 시위도 모두 물거품이 되었지. 1970년 11월 13일, 전태일은 "근로 기준법을 준수하라!"는 말을 외치고, 자신의 몸을 불살랐어. 그 뒤, '청계 피복 노동조합'이 만들어졌고 비로소 노동 운동이 시작되었어.

4. 우리나라는 국제 노동 기구 협약을 잘 지키고 있을까?

국제 노동 기구에서 정한 8개의 핵심 협약 가운데 우리나라는 4개만 비준하고, 결사의 자유와 강제 노동에 해당하는 협약 가운데 4개는 비준하지 않았어. 국제 노동 기구와 우리나라 노동자들은 노동권 보호를 위해 핵심 협약을 비준하라고 계속해서 요구하고 있지.

국제 노동 기구 협약에는 같은 가치의 일을 하는 사람은 같은 임금을 받아야 한다는 조항이 있어. 그런데 우리나라는 같은 일을 하더라도 남자와 여자, 정규직과 비정규직의 임금에 큰 차이가 있어. 2017년 자료에 따르면, 남녀 노동자의 임금 차이가 36.7퍼센트로 임금 불평등이

OECD(경제 협력 개발 기구) 회원국 가운데 세계 1위야. 정규직과 비정규직의 임금 차이는 두 배 정도나 되고, 임금 차이는 갈수록 더 벌어지고 있어.

또, 우리나라는 OECD 가입국 가운데 노동 시간이 두 번째로 길어. 사람은 충분히 쉬고 잠을 자고 일해야 해. 노동 시간이 길면 피곤하고 집중력이 낮아져 사고가 일어날 가능성이 높아. 그래서 우리나라에서는 2018년 7월 1일부터 주 52시간 근무제가 시행됐어. 지금은 노동자가 300명 이상인 사업장과 공공 기관, 지방 자치 단체 등에만 해당되지만 곧 50명 이상 사업장으로 확대 시행될 예정이야.

2019년 5월 1일, '2019 세계 노동절 대회'에 참가한 노동자들이 행진하고 있어. 이날 노동자들은 국제 노동 기구 핵심 협약의 조속한 비준 등의 구호를 외치며 행진했어.

마오리족이 마오리어를 모른다고?

유네스코 문화 다양성 협약

★ **초등 교과 연계**
사회 4-2　3. 사회 변화와 문화의 다양성
사회 6-2　1. 세계의 여러 나라들
사회 6-2　2. 통일 한국의 미래와 지구촌의 평화

"모두들 그동안 배운 마오리어로 멋진 시를 지었어요. 뉴질랜드의 자연을 노래한 친구도 있고, 뉴질랜드 럭비 선수들을 응원한 시도 있고, 사랑을 이야기한 친구도 있어요."

마오리어 선생님의 칭찬에 우리 반 아이들 모두 어깨를 으쓱했어요. 나만 빼고요.

"자, 그럼 한 사람씩 나와서 시를 낭독해 보세요."

이윽고 내 차례가 되었어요. 나는 쭈뼛거리며 앞으로 나갔어요. 그리고 내가 쓴, 아니 할머니가 들려준 노래를 읽어 내려갔어요.

Pokarekare ana Nga wai o Waiapu

와이아푸의 바다에 폭풍이 불어오지만,

Whiti atu koe E hine Marino ana e

그대가 건너갈 때면 바다는 잠잠해질 거예요.

E hine e Hoki mai ra

그대여, 다시 돌아오세요.

Ka mate ahau i Te aroha e

그대를 정말로 사랑하고 있어요.

…….

여기저기에서 킥킥거리는 웃음소리가 들려왔어요.

"야, 그건 포카라카라 아나(Pokarekare Ana, 마오리족의 노래)잖아."

"하하하, 쟤 진짜 웃긴다."

시를 다 읽었을 때는 교실 안이 웃음바다가 되었어요. 나는

얼굴이 발개져서 자리로 돌아왔어요.

수업이 끝나자, 마오리어 선생님이 조용히 나를 불렀어요.

"키리, 네가 쓴 게 '포카라카라 아나'라는

건 알고 있니? 마오리족인 네가 그 노래를 모를 리는 없을 테고…….”

선생님은 교실에서와 달리 엄한 얼굴로 변했어요.

'막상 시를 쓰려니 마오리어가 하나도 떠오르지 않았어요.'

나는 부끄러워서 말로 하지 못하고 속으로만 대답했어요.

"마오리어로 가족을 소개하는 지난번 숙제도 안 해 왔더구나."

내가 여전히 대답을 하지 않자, 선생님은 실망한 눈빛으로 말했어요.

"키리, 시를 다시 지어 오렴."

내가 사는 뉴질랜드에서는 영어와 마오리어가 공용어예요. 그래서 우리는 학교에서 영어와 마오리어를 함께 배워요. 교무실과 도서관, 컴퓨터실 등 학교 곳곳이 영어와 마오리어로 설명되어 있어요. 우리는 마오리어뿐만 아니라 '마오리탕가'라는 마오리 문화도 배워요. 영어를 배우는 것도 어려운데 왜 마오리어까지 배워야 하는 걸까요?

나는 마오리족이에요. 아주 어렸을 때는 할머니가 마오리족 이야기를 들려주셨어요. 뉴질랜드가 어떻게 생겨났는지, 불은 어떻게 발견했는지, 마오리족의 조각 솜씨와 길쌈 솜씨가 얼마나 뛰어난지 말이지요.

하지만 할머니가 돌아가시고 난 뒤에는 그런 이야기를 들을 수 없었어요. 아빠와 엄마는 집에서 마오리어를 쓰지도 않고, 마오리족 이야기도 하지 않거든요.

할머니는 항상 내가 잠들기 전에 마오리 노래를 들려주셨어요. 노래를 들으면 마음이 편안해지고 잠이 잘 왔어요. 나는 그

노래를 적어 마오리어 숙제로 냈던 거예요.

"키리, 어서 먹으렴. 오늘 아빠랑 로터루아에 갈 거야."

토요일, 아침을 먹고 있는데 아빠가 갑작스레 말했어요.

로터루아는 오클랜드에서 240킬로미터 정도 떨어져 있는 도시예요. 마오리족의 문화와 풍습이 많이 남아 있는 곳이지요. 아빠는 로터루아의 마오리 마을에서 살았는데, 열여덟 살에 고향을 떠나 오클랜드로 왔대요. 그 뒤로 로토루아에 간 적이 없고, 이야기를 꺼낸 적도 없는데 갑자기 로토루아에 간다니요?

나는 여행 생각에 잔뜩 흥분했는데, 아빠는 차를 운전하는 내내 긴장하는 것 같았어요. 내가 먼저 말을 꺼냈어요.

"아빠, 마오리어가 너무 어려워요."

"그건 아빠 탓도 있을 거야. 마오리어와 마오리족의 전통과 문화를 제대로 가르쳐 줄 생각을 하지 않았으니 말이다."

아빠의 얼굴이 금세 어두워졌어요.

"할머니가 어렸을 때는 학교에서 마오리어를 쓰지 못했대요."

나는 할머니가 해 주셨던 이야기가 떠올랐어요.

"그땐 마오리어로 말하는 걸 들키기라도 하면 매를 맞았다더구나. 마오리어가 뉴질랜드 공용어가 된 건 1987년이야. 그래서 아빠는 학교에서 마오리어를 배웠단다. 그 뒤 뉴질랜드 정부에서는 마오리족의 전통과 문화를 보존하려고 했어. 하지만 마오리족은 여전히 가난하고 힘들게 살아갔지. 그래서 열여덟 살이 되었을 때, 할머니를 모시고 로터루아를 떠난 거야."

아빠의 눈빛이 아련해졌어요.

로터루아에 가까이 갈수록 하얀 연기가 사방을 뒤덮었어요. 온천에서는 뿌연 연기가 피어오르고, 간헐천에서는 뜨거운 물이 높이 치솟아 올랐어요.

"윽, 달걀 썩는 냄새가 나요."

아빠는 온천과 간헐천을 지나 곧장 테푸이아 민속촌으로 갔어요. 민속촌 입구에는 덩굴식물 무늬와 사람의 얼굴을 조각한 나무가 죽 늘어서 있었어요.

아빠와 나는 마오리족이 손님을 맞이하는 환영 행사장으로 갔어요. 얼굴과 몸에 다양한 문양을 그린 마오리족 남자들이 발로 바닥을 힘차게 구르며 손으로 가슴과 팔, 허벅지를 치면서 '하카'를 추고 있었어요.

원래 하카는 마오리족 남자들이 전쟁터에 나가기 전에 추던

춤이에요. 적에게 겁을 주려고 눈을 부릅뜨고 혀를 길게 내밀던 행동에서 만들어진 춤이지요. 히힛, 이건 마오리탕가 시간에 배운 거예요.

환영 행사가 끝나자, 무대에서 한 아저씨가 뛰어내려 아빠한테 다가왔어요.

"위티, 이게 얼마 만이야!"

아빠와 아저씨는 손을 잡은 채로 코를 두 번 맞대며 '홍이'를 했어요. 홍이는 마오리족의 인사법으로, 오른손을 잡은 채로 코를 한 번 맞대면 '존경한다'는 뜻이고, 두 번 맞대면 '안녕하세요'라는 뜻이에요. 아빠와 아저씨는 코를 두 번 맞대었어요.

"키리……. 이곳에 오면 너를 만날 수 있을 거라 생각했어."

어? 내 이름이 키리인데, 이 아저씨 이름도 키리인가 봐요.

"위티, 오클랜드에 사는 마오리족한테서 네 소식은 가끔 들었어. 오클랜드 은행에 다닌다며! 성공한 마오리족이라고 모두들 칭찬이 자자해."

"성공은 무슨! 너야말로 이곳에서 마오리족의 전통과 문화를 지키고 있으니, 자랑스러운 마오리족이지."

아빠와 아저씨는 두 손을 맞잡고 한참 동안 이야기를 나누었어요. 오랜만에 만난 친구가 아니라 마치 어제 만난 친구 같았어요.

"아참! 키리, 인사해라. 아빠 친구 키리란다."

나는 아저씨에게 인사했어요. 키리가 키리 아저씨에게 인사한 거지요.

"뭐, 이 아이 이름이 키리야? 허허, 너도 참."

키리 아저씨는 아빠와 나를 마오리족 집회소로 데리고 갔어요. 지붕 앞쪽 꼭대기에는 얼굴 조각상이 있고, 양쪽으로 여러 무늬를 새긴 나무 조각이 있었어요. 마치 사람이 팔을 벌리고 있는 것처럼 보였지요.

"뉴질랜드 정부에서 마오리족의 전통과 문화를 보호하기 위해 힘쓰고 있어. 우리도 문화와 전통을 잘 보존하고 사람들에게 마오리족을 알리려고 노력하고."

"나는 가난이 싫어 도망치듯 떠나 버렸는데……."

"이렇게 다시 찾아왔잖아. 그럼 된 거야."

키리 아저씨가 아빠를 얼싸안았어요.

"뉴질랜드에서 마오리족은 14퍼센트밖에 되지 않아. 이런 곳에서 다양성을 인정하며 살아가기는 힘들어. 우리 마오리족도, 뉴질랜드 정부도 함께 노력해야지."

키리 아저씨와 아빠는 민속촌 곳곳을 다니며, 어릴 적에 하카를 추던 이야기며 온천에서 수영한 이야기, 어른들 몰래 문신한 이야기를 했어요.

"이곳에 마오리 공예 학교를 만들 거야. 위티, 네 목각 솜씨가 아주 좋았지? 너도 공예 학교에서 마오리 아이들을 가르쳐 주면 좋겠는데. 네 아들도 데려오고 말이야."

아빠가 나무 조각을 잘했다고요? 오늘 아빠의 새로운 모습을 많이 알게 되네요.

"아빠, 저도 나무 조각을 배우고 싶어요."

사실, 민속촌 입구에서 본 조각상에 마음을 빼앗겨 버렸어요. 다른 곳에서 본 조각상과는 달리 근엄하고 더 멋진 데다 내게 말을 거는 듯했거든요.

"키리도 이곳에 와서 마오리 아이들과 함께 조각을 배우면 좋겠다. 마오리어도 더 많이 쓰고, 마오리족의 전통도 더 많이 배우게 될 거야. 정말 마오리 아이가 되는 거지."

"그건 아주 좋은 생각이야. 하지만 오랫동안 조각을 하지 않아서 어떨지 모르겠어."

말은 그렇게 했지만 아빠는 옅은 미소를 짓고 있었어요.

"그 솜씨가 어디 갔겠어? 잘 생각해 봐. 한 달에 한 번이면 돼."

아빠와 나의 마음에, 그리고 우리의 생활에 변화가 생길 거란 예감이 들었어요.

아참, 마오리어 숙제는 어떻게 되었냐고요?

집으로 돌아가는 길에 아빠에게 마오리어 시간에 있었던 일을 이야기했어요. 그런데 아빠는 이미 다 알고 있는 것 같았어요. 그걸 알고 나를 이곳에 데려왔는지도 모르겠어요.

나는 차 안에서 아빠와 함께 마오리어로 테푸이아 민속촌에서 본 것과 느낀 것을 차근차근 표현해 봤어요. 아직은 서툴지만 곧 마오리어 숙제를 할 수 있을 거예요. 다음엔 친구들 앞에서 당당히 발표할 거예요. 난 마오리족이니까요.

◎ **유네스코 문화 다양성 협약 제5조**
모든 사람은 자신이 선택한 언어로, 특히 모국어로 자기 작품을 창조하고 배포할 자유를 누릴 수 있어야 하고, 문화 다양성을 전적으로 존중하게끔 질 좋은 교육과 훈련을 받아야 한다.

1. 다양한 사람, 다양한 문화

20세기에 유럽의 가톨릭 선교사들이 아마존 유역에서 옷을 전혀 입지 않고 살아가던 자파테크족을 문화적으로 낮은 수준이고 발전하지 않았다고 하며 강제로 옷을 입게 한 일이 있어. 이슬람 무장 세력인 탈레반이 아프가니스탄 바미안의 불상을 파괴한 일도 있지. 모두 문화의 다양성을 존중하지 않아서 벌어진 일이야.

문화는 보이지 않는 국경을 넘어 영향을 주고받으면서 변화하고 발전해. 이 과정에서 중요한 것은 자기 문화의 독특성을 지키면서 다른 문화를 받아들이고, 다른 문화에 영향을 줄 때는 상대의 문화를 존중하는 자세를 가지는 거야. 만약 그러지 않으면 세계 어디를 가도 똑같은 문화가 생겨나고, 물건처럼 문화도 돈을 벌기 위해 사고파는 '상업화'가 일어날 거야. 한 문화가 다른 문화를 집어삼켜 독특하고 고유한 문화가 사라지는 일도 벌어지지.

문화에는 선진국, 후진국이 없어. 소수 민족과 경제적으로 어려운 나라의 문화도 똑같이 소중하게 여기고 존중해야 해.

2. "유네스코 문화 다양성 협약"이란?

 2005년, 프랑스 파리에서 열린 제33차 유네스코 정기 총회에서 '유네스코 문화 다양성 협약'이 채택되었어. 이 협약은 2001년 제31차 유네스코 정기 총회에서 채택한 '유네스코 세계 문화 다양성 선언'을 바탕으로 한 거야. 서문과 12개 조항으로 구성된 이 협약은 자연에서 생태의 다양성이 필요한 것처럼 문화 다양성 또한 인류에게 필요한 것이라고 했어. 문화 다양성을 지키는 것은 인간의 존엄성을 지키는 것이며, 특히 소수 민족과 원주민의 권리와 전통을 존중해야 한다고 했어. 그리고 유네스코 문화 다양성 협약의 긍정적 가치를 널리 알릴 수 있도록 적절한 대책을 마련하고, 학교에서도 가르쳐야 한다고 정했어.

 미국은 엄청난 돈과 체계적인 시스템으로 할리우드 영화와 음악, 텔레비전 프로그램을 전 세계에 수출하고 있어. 이 협약 때문에 앞으로 미국의 문화를 수출하기 어려워질 거라고 여겨 반대했지. 다른 나라들은 영화와 연극, 예술 등을 받아들이라는 미국의 압력에서 벗어나고, 자기 나라의 정체성과 전통을 지킬 수 있을 거라고 예상했어.

 미국의 반대에도 불구하고, 문화 다양성 협약은 2005년 공식 채택되었고, 2007년 10월부터 발효되었어. 우리나라는 2010년에 110번째 협약 비준국이 되었어. 미국을 포함한 강대국들이 문화를 주도하고 다른 문화를 집어삼키는 것을 막고, 물밀듯이 밀려오는 외국 문화에 대항하여 자기 나라의 언어와 문화, 전통을 지키는 장치를 마련한 거야.

3. 문화 다양성을 위한 세계의 노력

세계 문화 다양성의 날

유네스코에서는 세계의 문화가 똑같아지고, 상업화되고 한 문화가 다른 문화를 집어삼키는 문화 종속화를 없애기 위해 5월 21일을 '세계 문화 다양성의 날'로 정했어. 우리와 다른 문화를 이해하고 존중할 때 문화 교류와 대화를 동등하게 할 수 있고, 나아가 문화 갈등과 대립도 극복할 수 있다는 거야. 이를 위해 다른 나라의 종교와 문화가 담긴 영화 보기, 종교가 다른 사람과 대화하기, 미술관 또는 박물관에 가서 다른 문화 체험하기, 다른 문화의 음악 듣기 등의 실천 방안을 제시하고 홍보 활동도 벌였지. 이후 세계 곳곳에서 자신들의 문화를 알리는 행사가 열리게 되었어.

2019년 3월 호주 태즈매니아주 호바트에서 열린 '니팔루나 호바트 언어의 날' 행사 포스터야. 니팔루나는 태즈매니아 원주민 언어인 팔라와어로 흐바트를 뜻해.

세계 유산에 관한 부다페스트 선언

2002년 헝가리 부다페스트에서 '세계 유산에 관한 부다페스트 선언'을 채택했어. 세계 유산 위원회는 중요한 가치를 지닌 세계 여러 나라의 문화유산과 자연유산을 유네스코 세계 문화유산에 등록하고, 자연재해나 전쟁으로 파괴된 유산을 복구하는 일을 해 왔어.

이 선언에서는 목록으로 지정된 세계 유산은 미래 세대가 마땅히 누려야 하며, 다음 세대에게 물려주기 위해 보존해야 한다고 했어. 그러기 위해서 문화유산과 자연유산을 파악하여 목록을 만들고, 유산을 망가뜨리지 않고 보호하기 위해 협력하며, 교육과 연구를 통해 세계 유산의 가치를 널리 알려야 한다고 했지.

스크린 쿼터(screen quota)

우리나라의 영화 산업을 보호하고 발전시키기 위해 1년 동안 영화관에서 상영하는 영화 가운데, 한국 영화를 반드시 상영하는 일수를 규정한 제도야. 유네스코 문화 다양성 협약은 우리나라의 스크린 쿼터를 보호하는 국제법의 근거가 되었어.

이 협약은 자기 나라의 문화 산업은 보호할 수 있지만, 반대로 다른 나라에 문화

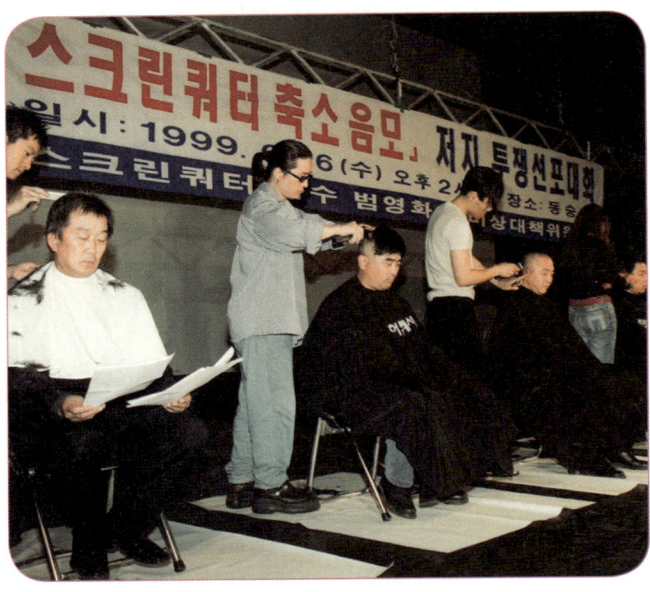

1999년 스크린 쿼터 축소에 반대하는 영화인들이 모여 자신들의 의지를 보여 주기 위해 머리를 삭발하는 모습이야.

를 수출할 때는 제약이 될 수 있다는 주장도 있어. 우리나라 드라마와 전자 스포츠(e-sports)가 유럽과 아시아에서 많은 인기를 끌고 있어. 그런데 유럽과 아시아 나라들이 우리나라 드라마와 전자 스포츠가 자기 나라의 문화를 잠식할 수 있다며 쿼터 제도를 실시한다면, 해외 진출에 손해를 줄 수 있다는 거지.

4. 문화 다양성을 위한 우리나라의 노력

1990년대 이후, 우리나라 경제가 발전하고 세계 여러 나라와 경제 교류가 활발해지면서 외국에서 이주 노동자가 많이 들어왔어. 2000년대 초반에는 국제결혼이 자유로워지면서 다문화 가정이 많아졌지. 초기에는 외국인들이 우리말을 잘 몰라 의사소통을 어려워하고, 문화 차이 때문에 우리나라에 잘 적응하지 못했어. 자녀들이 태어나 학교에 가면 따돌림을 받거나 차별을 받기도 했지.

요즘은 학교나 지역 문화 센터 등에서 문화 다양성 교육을 활발히 하고 있어. 다문화가 무엇인가를 배우고, 세계 여러 나라의 의식주 문화와 음악, 무용 등을 직접 체험해 보면서 다른 나라의 문화를 이해하고 존중하는 태도를 갖도록 하지. 세계 여러 나라의 문화를 깊게 아는 것보다 중요한 것은 편견을 버리고 차별하지 않는 거야. 특히, 문화가 공존해야 한다는 사실을 깨닫고, 우리와 다른 문화가 '틀린 것'이 아니라 '다른 것'임을 인정하는 거야.

팔꿈치 할아버지의 비밀
핵 확산 금지 조약

★ 초등 교과 연계
사회 6-2 1. 세계의 여러 나라들
사회 6-2 2. 통일 한국의 미래와 지구촌의 평화

"우리 여름이, 찌짐이 먹을라나?"

내가 찌짐이를 몰라 고개를 갸웃거리자, 할머니가 목소리를 높였어요.

"왜, 그 안 있나? 밀가루에 김치 넣고 두부 넣고 고기 썰어 넣고 해서, 기름에 자글자글……."

"아, 부침개요?"

"부침개가 뭐꼬? 찌짐이지!"

집 안 가득 고소한 기름 냄새가 퍼졌어요.

아빠는 베트남으로 출장을 가고, 엄마는 프로젝트 팀장을 맡

아서 눈코 뜰 새 없이 바쁘대요. 그래서 난 겨울 방학이 되자마자 2주 동안 할머니가 사는 진해에서 지내기로 했어요.

할머니가 김치 부침개를 부쳐 동그란 처반에 내어 놓기가 무섭게 나는 김치 부침개를 와구와구 먹어 댔어요.

"여름아, 이거 요 옆집에 갖다주고 오니라. 그 할아범이 먹는 거나 잘 챙겨 먹는지 모리겠네."

할머니가 김치 부침개를 플라스틱 쟁반에 담아 주었어요. 할머니 집은 마루문을 열면 바로 마당이 나와요. 그래서 마루문을 열면 찬바람이 집 안까지 불어 들어와요. 나는 할머니 눈치를 슬쩍 보며 몸을 오들오들 떨었어요.

"이름이 여름이라서 그란가? 와 이리 추위를 타나 모리겠다!"

할머니의 이름 공격이 시작되었어요. 그다음에는 왜 이름을 여름이라고 지었냐고 엄마 아빠를 못마땅해하는 이야기를 할 거예요. 나는 하는 수 없이 쟁반을 들고 옆집으로 갔어요.

"계, 계세요?"

열린 대문 사이로 얼굴을 빼꼼 들이밀었어요. 집 안에서 캑캑거리는 기침 소리가 들려왔어요.

"캐액, 캑! 누꼬?"

얼굴을 잔뜩 찌푸린 할아버지가 마루문을 열었어요.

"이, 이거 할머니가 갖다드리라고 해서……."

쟁반을 받아드는 할아버지의 손등에 커다랗고 이상한 점이 있었어요.

"복순 할매 손년갑네. 캑캑, 잘 먹겠다고 전해 디리라."

할아버지는 몸을 벅벅 긁으며 마루문을 닫았어요.

며칠 뒤, 옆집 할아버지가 쟁반에 생선을 가득 담아 왔어요.

"찌짐이 맛나게 잘 먹었구만. 날이 추워 고기잡이는 못 가고, 공판장에서 생선 몇 마리 샀네. 캐액, 캑! 손녀 구워 주라 마."

"바깥출입도 잘 안 하는 양반이 뭘 이리 가져왔는교."

우리 여름이가 좋아하겠구만. 여름아, 어서 '고맙습니다.' 해야지."

나는 할머니 뒤에 숨어서 고개만 까닥거렸어요.

옆집 할아버지가 준 생선은 살도 도톰하고 맛도 담백해서 정말 맛있었어요.

"할머니, 근데 옆집 할아버지는 왜 만날 기침하고 몸을 박박 긁어요? 목욕을 안 하나 봐요?"

"그기, 안타까운 사연이 있는 기라……."

"사연이요?"

할아버지의 아버지는 일제 강점기에 강제 징용으로 일본 히로시마로 끌려갔대요. 할아버지가 다섯 살 때, 히로시마에 원자 폭탄이 떨어졌는데 그 폭발로 아버지, 어머니, 누나, 큰형을 잃고 작은형이랑 단둘이 살아남았대요.

할아버지는 우여곡절 끝에 작은형이랑 우리나라에 건너왔대요. 그런데 원자 폭탄이 터질 때 새어 나온 방사능 때문에 작은형이 암에 걸렸고, 몇 번의 수술을 받았는데도 죽고 말았대요.

시간이 흘러 할아버지는 결혼도 하고 아이들도 낳았지만 아이들이 모두 일찍 죽어 버렸고요.

그때 입은 방사능 피해로 할아버지 몸에도 이상한 점이 생겨나고 온몸이 가려워 박박 긁고 기침도 많이 한대요. 그리고 이유는 잘 모르겠지만 한여름에도 긴팔을 입고 다닌다고 해요.

그 뒤로도 할머니는 초콜릿 과자와 홍시와 사과를 옆집 할아버지에게 갖다주라고 했어요. 그러면 할아버지는 어김없이 맛있는 생선을 담아 접시를 돌려주었지요.

그날도 나는 할머니가 쑨 팥죽을 들고 옆집 할아버지에게 갔어요.

"할아버지, 팥죽 드세요!"

나는 대문을 열고 큰 소리로 할아버지를 불렀어요. 할아버지 목소리는 들리지 않고 텔레비전 소리만 크게 들렸어요. 나는 조심조심 방문을 열었어요.

"지난 6일, 북한의 풍계리 핵 실험장 부근에서 지진이 일어났습니다. 북한이 수소 폭탄 실험을 감행한 것으로 보입니다……."

텔레비전 화면 아래쪽에는 붉은색 글씨로 '북한, 4차 핵 실

힘'이라는 글자가 쓰여 있었어요.

"북한이 '핵 확산 금지 조약'에서 탈퇴하더니, 핵 실험을 마음대로 하고 있구나. 캑캑캑!"

할아버지의 기침은 멈출 줄 모르고 계속되었어요.

"핵이 얼마나 무서운 줄도 모르고. 저건 수많은 사람들을 죽이는 살인 실험인기라. 몹쓸 기라!"

"할아버지가 어떻게 아세요?"

"내가 겪었으니 알제. 들어와서 할애비 얘기 들어 볼래?"

나는 방 안으로 들어가 할아버지 옆에 앉았어요.

"이 팔 좀 보거래이."

할아버지는 힘겹게 왼쪽 소맷자락을 둘둘 말아 올렸어요. 마치 불에 타들어 간 듯 살이 움푹 패고 팔꿈치 뼈가 앙상하게 드러나 있었어요.

"이게 다 원자 폭탄 때문인기라."

할아버지는 긴 이야기를 시작했어요.

"내가 다섯 살 때, 일본 히로시마에 원자 폭탄이 떨어졌단다. 아버지 어머니는 공장에 일하러 가고 누나들과 큰형도 학교에 가고, 나는 작은형이랑 숲속 놀이터에서 놀고 있었제. 그런데 갑자기 사이렌이 울리더니 불빛이 번쩍하고 엄청나게 큰 폭발 소리가 났제. 불빛 때문에 아무것도 보이지 않았어.

얼마 지나지 않아 주변에서 신음 소리가 들리기 시작했제. 난 가슴을 짓누르는 듯한 통증을 느끼며 눈을 떴어. 그런데…… 작은형이 내 몸을 감싸고 있었던 기라. 작은형이 날 살리려고, 캑캑, 날 살리려고 내 몸을 감싼 기라. 작은형이 입은 옷은 홀라당 타 버렸고 등은 온통 불에 덴 듯 붉어졌지."

할아버지는 두 눈을 꼭 감고 몸서리를 쳤어요.

"작은형과 나는 아버지 어머니가 다니던 공장으로 갔어. 길거리에는 온몸이 벌건 사람들이 초점 없는 눈으로 걸어 다니고 있었지. 팔다리가 떨어져 나가고 얼굴이 녹아내린 사람들은 마치 시체가 걸어 다니는 것 같았제.

아! 그런데 아버지와 어머니의 얼굴은 형체도 없이 타 버리고 말았어. 아침에 신고 간 신발을 보고서야 겨우 아버지 어머니라는 걸 알게 되었지.

불에 그을린 상처 때문에 수많은 사람들이 죽었고, 상처가 썩어 들어가며 고약한 냄새가 났제. 오랜 시간이 지난 뒤, 난 작은형이랑 한국으로 가는 배를 타고 이곳에 왔단다.

나는 팔꿈치에 뼈가 드러나는 상처를 입고 몸에 이상한 점이 생겨나기 시작했어. 그래도 다른 사람들에 비하면 별다른 증상이 없어서 다행이라고 생각했제. 운이 좋았다고 생각했구만.

근데 그게 아닌 기라. 결혼하고 아이들이 태어났는데 모두들 일찍 죽어 버렸구마. 내 몸속에 있는 방사능 때문은 아닌지 죄책감과 미안함 때문에 죽어서도 아이들 볼 낯이 없구만."

할아버지는 원자 폭탄이 얼마나 무서운지, 얼마나 끔찍한지 똑똑히 기억한대요. 그리고 사람들도 반드시 기억해야 한다고 했어요. 그렇지 않으면 똑같은 일이 되풀이될 거라면서요.

나는 할아버지의 왼팔을 물끄러미 바라보았어요.

겨울 방학이 끝나고 집으로 돌아왔어요. 나는 곧 4학년이 되었지요. 하루는 저녁을 먹는데, 원자력 발전소 건설과 핵에 대한 뉴스가 흘러 나왔어요. '핵'이란 말에 나는 귀를 쫑긋거렸어요.

지진 위험 지역에 짓는 원자력 발전소 건설을 당장 중단해야 한다며 사람들이 플래카드를 들고 구호를 외치고 있었어요. 그 사람들은 낡은 원자력 발전소의 가동을 당장 중단해야 한다고도 했어요. 지진이 일어나면 일본 후쿠시마에서 일어난 사고보다 훨씬 큰 피해를 입게 될 거라고도 했지요. 그 피해는 상상도 하지 못할 정도로 엄청날 거라면서요.

기자는 중단에 반대하는 사람들의 의견도 들려주었어요. 반대하는 사람들은 당장 원자력 발전소를 짓지 않으면 전기 요금도 오르고, 지역 경제가 힘들어질 거라고 했어요. 이미 공사를 하고 있는데, 그 피해는 어떻게 할 거냐며 목소리를 높였지요.

나는 팔꿈치 할아버지가 떠올랐어요.

"원자력 발전소가 없으면 좋겠어요. 핵이 얼마나 무서운데요."

난 팔꿈치 할아버지한테 들은 이야기를 엄마 아빠에게 해 주었어요.

"여름이가 원자력 발전소에 대해 관심이 많구나."

엄마 아빠가 뿌듯한 표정으로 나를 바라보았어요.

"엄마, 원자력 발전소가 없으면 경제가 어려워져요?"

"세계 여러 나라에서는 이미 원자력 발전소를 없애고 대신 태양, 지열, 바람 등 자연 에너지 발전소에서 에너지를 만드는 경우가 많단다."

"우리 동네에도 태양열 전지판을 설치한 곳이 있잖아요. 그런데 지열은 뭐예요? 바람으로도 에너지를 만들 수 있어요?"

"지열은 말 그대로 땅의 열에서 에너지를 얻는 거야. 네덜란드나 아이슬란드처럼 화산 활동으로 땅의 온도가 높은 곳에서는 땅의 열을 이용해서 전기를 만들어 쓰지."

아빠가 설명하자, 엄마가 덧붙였어요.

"제주도에 갔을 때, 아주 커다란 바람개비 모양을 본 적 있지?"

"네, 기억나요."

"그게 바로 풍력 발전기야. 바람의 힘으로 풍차를 돌리고 발전기를 돌려서 전기를 얻는 거지. 앞으로는 자연에서 에너지를 만드는 나라들이 더 많아질 거야."

엄마는 손을 휘휘 저어 풍차 흉내를 내며 말했어요.

"빨리 그렇게 되면 좋겠어요. 더 이상 사람들이 불안하지 않게, 또 자연을 해치지 않게요."

할아버지의 말대로 사람들이 핵이 얼마나 무서운지 알았으면 좋겠어요. 지금 당장은 아니더라도 사람들의 생각이 조금씩 바뀌지 않을까요?

올여름 방학에도 진해에 내려갈 거예요. 겨울 방학엔 추워서 할머니 집에만 있었는데, 여름에는 옆집 할아버지랑 낚시도 하고 배를 타고 바다에 나가 볼 거예요. 팔꿈치 할아버지랑 그렇게 약속했거든요.

◎ **핵 확산 금지 조약 제3조**
핵무기를 보유하지 않은 조약 당사국은 원자력을 평화적으로 이용하고 있는지 확인받기 위해서 당사국에 있는 모든 핵 시설과 핵물질에 대해 국제 원자력 기구의 안전 조치 제도에 따라 핵 사찰 등 안전 조치를 수락하기로 약속한다.

1. 히로시마와 우크라이나의 비극

제2차 세계 대전이 한창이던 1945년 8월 6일, 미국 공군기가 일본 히로시마에 원자 폭탄을 떨어뜨렸어. 원자 폭탄이 땅에 떨어지고 얼마 뒤, 거대한 버섯구름이 피어오르고 폭풍이 몰아치더니 시커먼 비가 쏟

1945년 8월 6일, 미국이 일본 히로시마에 원자 폭탄을 떨어뜨렸어. 원자 폭탄이 폭발하면서 버섯 모양의 구름이 하늘로 치솟는 모습을 찍은 사진이야.

사고가 난 곳에서 3킬로미터 떨어진 프리피야트 마을에서 바라본 체르노빌 원자력 발전소와 피난소야. 나무는 푸르게 자랐지만, 1986년 4월 26일 발전소 사고 이후 거의 30여 년 동안 버려져 있어.

아졌어. 사흘 뒤인 8월 9일, 나가사키에 또 한 번 원자 폭탄이 떨어졌어. 원자 폭탄이 떨어진 주변은 잿더미로 변했고, 원자 폭탄에서 나온 방사능 때문에 수많은 사람들이 죽었지. 살아남은 사람들은 죽을 때까지 고통받았고, 그 고통은 다음 세대까지 전해졌어.

1986년 4월 26일, 구 소련(지금의 우크라이나 지역)의 체르노빌 원자력 발전소에서 방사능 누출 사고가 일어났어. 원자로를 시험 가동 중 안전을 확인하지 않고 전원을 끊으려다가 폭발 사고가 일어난 거야. 이 폭발로 20만 명이 넘는 사람들이 방사능에 노출되어 죽거나 지금까지 고통받고 있어. 체르노빌은 사람이 살 수 없는 곳이 되었고, 30여 년이

지난 오늘날까지도 반경 30킬로미터 안에 들어가지 못하고 있지.

지금도 여전히 몇몇 나라에서는 원자 폭탄, 수소 폭탄을 만들고, 경제 발전을 위해서라며 원자력 발전소를 짓고 있어. 히로시마와 체르노빌의 사고를 잊는다면 인류는 또다시 커다란 위험에 빠질지도 몰라.

2. '핵 확산 금지 조약'이란?

제2차 세계 대전이 끝난 뒤, 프랑스와 중국이 핵 실험에 성공했어. 미국은 제2차 세계 대전에서 패배한 나라가 핵무기를 갖는 것을 막고, 핵이 확산되지 않도록 국제 조약을 만들어야 한다고 주장했어. 그래서 1968년 미국, 영국, 소련 등 56개국이 모여 '핵 확산 금지 조약'을 만들었지.

핵무기를 가진 나라는 핵무기를 갖지 않은 나라에 핵무기나 핵폭발 장치 등을 넘겨주지 않을 것을 약속했어. 또 핵무기를 갖지 않은 나라는 스스로 핵무기를 만들거나 핵폭발 장치를 얻거나 만들지 않겠다고 약속하며, 원자력을 핵무기로 사용하는 것을 방지하기 위해 국제 원자력 기구의 사찰을 받아들이기로 했지.

우리나라는 1975년에 가입했고, 1992년에는 중국과 프랑스가 가입했어. 북한은 1985년에 가입했다가 국제 원자력 기구의 영변 핵 시설을 사찰 거부하면서, 1993년에 탈퇴했어.

3. 핵 확산 금지 조약의 한계

'핵 확산 금지 조약'은 처음부터 불평등한 조약이었어. 핵을 가진 나라는 핵무기를 줄이는 노력만 하면 되지만, 핵을 갖지 않은 나라는 핵무기를 개발할 수 없고, 핵을 가진 나라로부터 핵무기를 얻을 수 없으며, 국제 원자력 기구로부터 핵 사찰을 받아야 하거든. 핵을 가지고 있는 나라들이 핵무기를 독점하겠다는 계산이었지.

핵 확산을 막기 위해 협약을 만들었지만, 이 협약에 가입하지 않은 나라가 핵을 가졌을 때는 막을 방법이 없어. 설령 협약에 가입했다 하더라도 비밀리에 핵 개발을 한다면 막을 방법이 없지. 핵 개발을 위해서 협약에서 탈퇴하더라도 막을 수 없어. 협약에 가입한 나라에 이익이 되지 않는다면 탈퇴할 수 있다고 되어 있기 때문이지.

4. 원자력 발전소는 위험해

1985년 필리핀의 바탄 지역 주민들은 원자력 발전소 건설에 반대하는 시위를 벌였어. 지진이 일어날 가능성이 큰 지역이라는 이유였어. 이미 원자력 발전소를 짓는 데 어마어마한 돈이 들어갔고, 거의 완성된 상태였지만 주민들의 노력으로 원자력 발전소 건설은 중단되었어.

오스트리아에는 원자력 발전소가 하나도 없어. 나라에서 원자력 발전을 금지하기 때문이야. 1978년에는 오스트리아에도 원자력 발전소가 있었어. 그런데 오스트리아 국민들이 원자력 발전소의 안전성을 걱정하며 국민 투표를 하여 폐쇄하기로 결정했지.

2011년 3월 11일, 일본에 큰 지진이 발생했어. 곧이어 거대한 쓰나미가 밀어닥쳐서 후쿠시마 원자력 발전소의 방사능이 유출되는 사고가 일어났어. 이 사고로 2만여 명이 죽고 3,000여 명이 실종되었지.

방사능은 바다도 오염시켰어. 그래서 우리나라를 비롯한 세계 여러 나라에서는 후쿠시마에서 잡은 물고기를 수입하지 않거나 엄격하게 검사하고 있어.

후쿠시마 오염수는 하루에 170톤이나 나온대. 지금은 이 오염수를

부산 기장군에 있는 고리 원자력 발전소야.
2017년 6월 1호기가 가동을 멈추었어. 맨 오른쪽이 영구 정지된 1호기야.

후쿠시마 원전 물탱크에 저장하지만 3년 뒤면 가득 찬다고 해. 그린피스 등의 환경 단체와 세계 여러 나라들은 후쿠시마 오염수를 바다에 방출하지 못하도록 적극 대응하기로 했어.

2016년 경주 지진과 2017년 포항 지진으로 우리나라도 더 이상 지진 안전지대가 아니라는 사실이 드러났어. 우리나라는 지진 단층대 근방에 원자력 발전소가 많아서 지진이 일어난다면 피해가 어마어마할 것으로 예상하고 있지. 2015년에는 오래된 원자력 발전소인 '월성 원전 1호기'의 수명을 연장하기로 결정했는데, 2017년에 그 결정이 취소되었어. 수명이 다한 '고리 원전 1호기'도 2015년에 폐쇄하라는 권고를 받고 해체 준비 작업에 들어갔지.

도움받은 책

어린이책

- 강창훈 글, 허현경 그림, 『전쟁도 평화도 정치도 경제도 UN에 모여 이야기해 보아요』, 사계절, 2014.
- 김향금 글, 김소희 그림, 『국제조약, 알면 뉴스가 들려요』, 사계절, 2016.
- 세반 스즈키 글, 이혜원 옮김, 『당신이 세상을 바꾸는 날』, 아이터출판사, 2003.
- 손기화·황근기 글, 박종호 그림, 『열두 살에 처음 만난 국제조약』, 주니어김영사, 2010.
- 하종강 글, 김규정 그림, 『선생님, 노동이 뭐예요?』, 철수와영희, 2018.

어른책

- 박경화 지음, 『고릴라는 핸드폰을 미워해 - 아름다운 지구를 지키는 20가지 생각』, 북센스, 2011.
- 욤비 토나·박진숙 지음, 『내 이름은 욤비』, 이후, 2013.
- 이종훈 엮어 옮김, 김희남 그림, 『세계를 바꾼 연설과 선언』, 서해문집, 2006.
- 이주영 글, 『어린이 문화 운동사』, 보리, 2014.
- 함규진 지음, 『조약으로 보는 세계사 강의』, 제3의공간, 2017.

도움받은 글

- 김동환, 「어른들은 전기차를 대가로 콩고 아이들의 피를 빨고 있었다」, 『세계일보』, 2017년 8월 8일자 기사.
- 김영미, 「자원이 넘쳐나 내전도 넘쳐나는 콩고」, 『시사IN』 2013년 11월 27일, 제323호 기사.
- 김희정, 「문화 다양성 협약: 동향과 전망」, 『ACT!』 2016년 8월 18일자 기사.
- 송은아, 「마오리족 음악인 "한글 만든 세종대왕 인상 깊어"」, 『세계일보』, 2016년 9월 6일자 기사.
- 정혜아, 「우리나라 난민 인정률 3%… 세계 평균 27%에 못 미쳐」, 『뉴스1 코리아』, 2016년 6월 19일자 기사.
- 파리 로이터, 제네바 로이터, 테헤란 로이터, 「걸프 사태 이모저모」, 『연합뉴스』, 1991년 2월 1일자 기사.
- 한상용, 「아프리카 사막 건너던 난민 52명 또 숨진 채 발견」, 『연합뉴스』, 2017년 6월 27일자 기사.

도움받은 영상

- EBS 다큐 시선 <한국의 난민을 아세요?>, 2017년 7월 14일자 방송.
- EBS 세계 테마 기행 <탁재형 PD가 만난 브라질 _ 세계 최대의 습지, 판타날>, 2008년 6월 5일자 방송.
- KBS 뉴스 <'재규어의 땅' 세계 최대 판타날 습지 위기>, 2012년 8월 18일자 방송.
- YTN 뉴스 <노벨 평화상에 '핵무기 폐기 국제 운동'>, 2017년 10월 6일자 방송.

도움받은 사이트

- 월드비전 www.worldvision.or.kr
- 유네스코 한국위원회 www.unesco.or.kr
- 유니세프 한국위원회 www.unicef.or.kr
- 유엔난민기구 www.unhcr.or.kr

사진 출처

- 27쪽 ⓒ 위키미디어 / Krish Dulal
- 30쪽 ⓒ 월드비전
- 30쪽 ⓒ 세이브더칠드런
- 30쪽 ⓒ 굿네이버스
- 50쪽 ⓒ 위키미디어
- 50쪽 ⓒ 위키미디어
- 53쪽 ⓒ United States Holocaust Memorial Museum
- 71쪽 ⓒ 위키미디어
- 74쪽 ⓒ 위키미디어 / Deutschhilde
- 92쪽 ⓒ 위키미디어 / Filipefrazao
- 95쪽 ⓒ NASA
- 96쪽 ⓒ 위키미디어 / SEUNGMIN WOO
- 97쪽 ⓒ 위키미디어 / Joycekim77
- 114쪽 ⓒ 위키미디어
- 115쪽 ⓒ ILO
- 116쪽 ⓒ 위키미디어 / dalgial
- 119쪽 ⓒ 연합뉴스
- 139쪽 ⓒ 유네스코
- 140쪽 ⓒ 연합뉴스
- 160쪽 ⓒ 위키미디어
- 161쪽 ⓒ IAEA Imagebank
- 164쪽 ⓒ IAEA Imagebank